Fürchte dich nicht vor den Worten:
Theorie, Generalbaß, Kontrapunkt usw.;
sie kommen dir freundlich entgegen,
wenn du dasselbe tust.
ROBERT SCHUMANN

Leonard Bernstein

KONZERT FÜR JUNGE LEUTE

Die Welt der Musik in fünfzehn Kapiteln
Herausgegeben von Jack Gottlieb

Deutsch von
Else Winter und Albrecht Roeseler
Mit Zeichnungen von
Isadore Seltzer

Albrecht Knaus

Titel der Originalausgabe: «Leonard Bernstein's Young People's Concerts.
Newly revised and expanded Edition». Published by arrangement
with the Estate of Leonard Bernstein.
1992 erschienen bei Doubleday/Anchor Books, New York

«Leonard Bernstein's Young People's Concerts» erschien erstmals 1962
bei Simon and Schuster, New York, und 1969 in deutscher Sprache
im Rainer Wunderlich Verlag, Tübingen,
1985 in ergänzter und durchgesehener Fassung unter dem Titel
«Konzert für junge Leute. Die Welt der Musik in neun Kapiteln»
im Albrecht Knaus Verlag, München

Umwelthinweis:
Dieses Buch und der Schutzumschlag wurden auf
chlorfrei gebleichtem Papier gedruckt. Die Einschrumpf-
folie (zum Schutz vor Verschmutzung) ist aus umwelt-
schonender und recyclingfähiger PE-Folie.

Der Albrecht Knaus Verlag
ist ein Unternehmen der Verlagsgruppe Bertelsmann

1. Auflage
© 1962, 1970 by Leonard Bernstein Foundation, Inc.;
© 1992 by Jamie Bernstein-Thomas, Alexander Bernstein and Nina Bernstein
© Albrecht Knaus Verlag GmbH, München 1993 · Alle Rechte vorbehalten
Schutzumschlag von Klaus Renner unter Verwendung einer Zeichnung von
Isadore Seltzer und eines Photos von Ursula Röhnert, Ullstein Bilderdienst
Gesetzt aus Korpus Sabon · Satz: Filmsatz Schröter GmbH, München
Printed in Germany · J. P. Himmer, Augsburg
ISBN 3-8135-1923-6

Für Jamie, Alexander und Nina,
meinen liebsten jungen Leuten

Inhalt

Die mit * gekennzeichneten Kapitel sind in diese Ausgabe neu hinzugekommen.

8

Vorwort des Herausgebers

Mehr als zwanzig Jahre sind vergangen, seit Leonard Bernsteins letztes «Young People's Concert» mit den New Yorker Philharmonikern im Fernsehen ausgestrahlt wurde. Von 1958 bis 1972 hat er dreiundfünfzig verschiedene Konzertprogramme speziell für junge Leute (von acht bis achtzehn) moderiert und dirigiert und ist dabei auch oft als Klaviersolist aufgetreten. Bernsteins pädagogisches Talent und seine lebendige Darstellungsgabe wurden in den ganzen USA begeistert aufgenommen. Durch Auftritte in Rundfunk und Fernsehen, durch seine Platteneinspielungen, Bücher und Aufsätze hat Bernstein in Amerika eine ganze Generation von gelegentlichen Musikhörern zu engagierten Musikliebhabern gemacht. Seine Kunst, genau und klar zu formulieren, war für einen Musiker, der – wie man so sagt – eher «die Musik selbst sprechen (oder singen?) lassen will», eine ungewöhnliche Dreingabe.

Auf der Schule hatte Bernstein solide Kenntnisse des Lateinischen erworben (und zwar in der Bostoner Latin School, wo sonst?), und er war bekannt dafür, daß er selbst in der hitzigsten Debatte Sprachschnitzer der anderen – meistens zu deren Kummer – richtigstellte. Seine angeborene Sprachbegabung half ihm, sich mehr oder weniger fließend auch auf deutsch, französisch, italienisch, spanisch, jiddisch und hebräisch auszudrücken. Sein Arbeitszimmer war vom Boden bis zur Decke vollgestopft mit Wörterbüchern, etymologischen Werken und Lexika jeglicher Art. Sein literarisches Wissen war fast beängstigend, und seine Passion für ungewöhnliche Wortspiele, zungenbrecherische Anagramme und Kreuzworträtsel (je schwieriger, desto lieber) – er hatte ganze Bündel von britischen Magazinen – grenzte an Besessenheit.

Eine Zeitlang hatte er zu Hause einen elektronischen Apparat, der nach Belieben jeweils vier Buchstaben aufblinken ließ, und zwar in immer neuen Kombinationen. Der Witz daran war, nicht etwa die tatsächlich produzierten Wörter zu erkennen oder zu bestimmen, sondern möglichst rasch durch Umstellung oder Hinzufügen weiterer Buchstaben neue Bedeutungen zu finden. Ein anderes Spiel, das er vor allem während langer Autofahrten mit Freunden spielte, nannte sich «Mental Jotto»; hier kam es darauf an, sich ständig Worte mit fünf

Buchstaben und neuen Bedeutungen auszudenken. Dabei gewann immer er. Bernstein war wahrlich ein Musiker, dessen Gaben und Interessen weit über das Fachliche hinausragten. Er war ein geborener Pädagoge und redete eloquent über viele, nicht nur kulturelle Themen, er war berauscht von Wörtern.

Die Beliebtheit der «Young People's Concerts» machte auch ihre Veröffentlichung in Buchform zu Bestsellern. Seit langem sind die Ausgaben vergriffen, doch die Nachfrage, auch nach den Video-Aufnahmen der Konzertmitschnitte, hat im vergangenen Jahrzehnt noch zugenommen. Nichts in den Jahren vor 1958 oder nach 1972 konnte sich mit diesem erstaunlichen Erfolg messen. Natürlich hat es auch während und nach der vierzehnjährigen Bernstein-Ära «Young People's Concerts» gegeben, die andere Musiker im Fernsehen präsentierten, doch keines von ihnen hat das Publikum so gefangengenommen.

Nun endlich läßt sich die Nachfrage nach Bernsteins «Young People's Concerts» erfüllen. Fünfzehn Jahre hat es gedauert, bis das Dickicht von Künstler-, Verlags- und Urheberrechten gelichtet war.

Bernsteins Analysen und Kommentare waren ja weit mehr als beiläufige Einführungsnotizen für die Orchesterprogramme. Jedes Konzert war sorgfältig schriftlich ausgearbeitet, bevor es auf den sogenannten Teleprompter, einen Lese-Bildschirm, übertragen wurde. Bernstein pflegte die ersten handschriftlichen Entwürfe auf gelben Schreibblöcken zu machen, die dann mit großen Zwischenräumen abgetippt wurden (Schreibcomputer gab es damals noch nicht), für den Fall, daß sich aus der Diskussion noch Änderungen ergeben würden. Gemeinsam mit dem Producer-Director Roger Englander und mehreren Assistenten traf man sich bei Bernstein zu Hause, um die Rohfassungen durchzusehen und zu diskutieren, auf Zeit zu stoppen und notfalls Teile umschreiben zu lassen. Dabei schlug der Autor bisweilen selbst Kürzungen vor, die man akzeptieren mußte, weil jeweils nur fünfundfünfzig Minuten Sendezeit zur Verfügung standen. (Die restlichen fünf Minuten blieben für Vor- und Abspann sowie für Werbespots.) In den Texten, die in die vorliegende Ausgabe neu aufgenommen wurden, sind manche dieser gestrichenen Passagen wiederverwendet worden.

Die eher familiären Manuskriptberatungen waren kleine Werkstattgespräche, bei denen es genauso anregend und heiter zuging wie bei den Konzerten selbst. Es war ein zwangloser Austausch von Meinungen, und Bernstein war offen auch für kritische Kommentare des Teams. Es muß aber nachdrücklich darauf hingewiesen werden, daß letztlich er allein für jedes Wort verantwortlich war.

Wenn man weiß, wie ungeduldig er auf jeden Sprachschnitzer reagierte, war es fast eine Sensation, wenn selbst er einmal irrte. Wenn das vorkam, vergaß man das nicht so rasch. Ich erinnere mich an einen solchen seltenen Fall im Jahr 1964. Während wir über das Kapitel «Der ‹Trip› des Hector Berlioz» (das in diesem

Buch enthalten ist) diskutierten, erwähnte der Maestro eine Wölfin, eine Phanta-
siegestalt in Berlioz' *Symphonie Fantastique*, und wollte sie «wolverine» nennen
(was eigentlich «Vielfraß» bedeutet). Ich protestierte: «Wie kann man ein Rudel
von gefräßigen Football-Spielern aus Michigan mit irgend etwas Weiblichem in
Verbindung bringen?» Er tat den Einwand höflich ab. Am folgenden Tag
überreichte er mir einen Notizzettel. Durch meinen Einwand offenbar irritiert,
hatte er das Wort nachgeschaut und unter «wolverine» ein Tier der Dachsgat-
tung, eben den Vielfraß, gefunden, der mit der Gattung der Wölfe nicht das
geringste zu tun hatte. Er hatte das Wort durch «wolf-girl» ersetzt, und seine
Notiz lautete:

«An Jack Gottlieb, Esq.: Hiermit bezeuge ich, daß Du recht hattest, ich unrecht.
Nett von Dir, Du cleverer Vielfraß. Mit allen Zeichen des Respekts.
Leonard Bernstein, Ignoramus.»

Dieser Zettel liegt heute unter meinen wertvollen Dokumenten.

In seinem Vorwort zur ersten Ausgabe des Buches weist Bernstein auf die
Schwierigkeit hin, einen laut gesprochenen Text in einen Text umzuwandeln, den
man leise liest, ganz zu schweigen von den Musikbeispielen, die ja eigentlich zum
Hören gedacht sind. Wo irgend möglich, sind die neu hinzugefügten Musikbeispiele so einfach gehalten wie in der ersten Ausgabe. Wir erneuern den Rat des
Autors, überall dort, wo auf vollständige Stücke oder komplette Sätze verwiesen
wird, zu versuchen, sich aus Bibliotheken, durch den Rundfunk oder private
Quellen die betreffenden Plattenaufnahmen zu besorgen. Natürlich empfehlen
wir vor allem Bernsteins eigene Einspielungen mit den New Yorker Philharmonikern, in denen manches von der Atmosphäre der damaligen Fernsehübertragun-
gen mitschwingen mag.

Alle in diesem Buch erwähnten Konzerte sind mittlerweile als Videos greifbar.
In seinem Vorwort schreibt Bernstein, daß die Beispiele und die Platten den
Vorteil haben, daß man sie immer wieder abspielen könne, was ja beim Fernsehen
leider nicht möglich sei – eine Bemerkung, die heute natürlich nicht mehr gilt.
Mittlerweile läßt sich auf jedem Videorecorder jede Musikszene anhalten, zu-
rückspulen und wieder abspielen – immer wieder zu eigener Freude und eigenem
Gewinn. Der Leser kann also ganz unmittelbar daran teilnehmen, fast wie jene
Musiker, die damals in den Konzerten mitspielten. Dieses Buch ist also nicht nur
auf der Couch zu genießen.

Die sechziger Jahre waren eine Zeit wichtiger sozialer Umschichtungen und
moralischer Herausforderungen, weit mehr als frühere Jahrzehnte. Zu dieser
Unruhe trug sicherlich auch das Fernsehen bei, man denke nur an John F.
Kennedys Beisetzung oder den Kongreß der Demokratischen Partei in Chicago.

Der Nimbus der sechziger Jahre, des Jahrzehnts der Beatles, war eng verbunden mit der Drogenszene: LSD, Timothy Leary, den Blumenkindern, den Hippies und all dem. In «Der ‹Trip› des Hector Berlioz» erwähnt Maestro B. psychedelische «Trips» und Halluzinationen. Verglichen mit der gegenwärtigen Szene und ihrem Kokain, Crack und dergleichen, erscheinen uns jene Jahre heute fast wie ein Zeitalter der Unschuld. Dennoch haben wir uns entschlossen, auch in der Neuausgabe alle Beispiele zu belassen, auch wenn vielleicht nicht jeder Leser mit der Musik der Kinks oder der Beatles vertraut ist; immerhin schwimmen auch ihre Platten inzwischen wieder auf der Nostalgiewelle.

Im Lauf der Jahre ist es möglich geworden, Leonard Bernsteins musikalische Botschaft zu begreifen. Obwohl er auch die Programm-Musik mit behandelt hat, also Musik mit außermusikalischen Inhalten, spürt man dabei ein gewisses Zögern – als wenn es doch sein wichtigstes Anliegen gewesen wäre, die rein musikalischen Werte in die jungen Gemüter einzupflanzen. Daher ist auch ein Manuskript wie «Igor Strawinskijs Birthday Party» nicht aufgenommen worden, weil dort vor allem die Ballett-Geschichte von *Petruschka* erzählt wird. Die Geschichte, die der *Symphonie Fantastique* von Berlioz zugrunde liegt, wurde dagegen aufgenommen, weil der Gedanke der *idée fixe* sich trefflich zur Erklärung des Variationsprinzips in der Musik eignet. In seinem ersten Buch *Freude an der Musik* spricht Bernstein von dem «Dreh, die Musik lieben zu lernen» und von seinem Wunsch, eine glückliche Verbindung zwischen diesem «Dreh» und einer «rein technischen Erörterung» zu finden. Wenn es jemandem gelungen ist, diese Verbindung zu finden, dann ist es wohl Leonard Bernstein gewesen.

J. G.

Vorwort

Seit wir begannen, die «Young People's Concerts» der New Yorker Philharmoniker im Fernsehen zu übertragen, haben wir ständig Anfragen erhalten, ob man diese Programme nicht auch in anderer Form zugänglich machen könnte. Das vorliegende illustrierte Buch ist eine der möglichen Antworten.

Das Wechseln vom Fernsehschirm auf die Buchseite ist keine einfache Sache. Einmal haben wir kein großes Orchester mehr an der Hand, das – auf einen Wink des Taktstocks – die Musikbeispiele liefert. Statt dessen mußten wir dem Buch Notenbeispiele beigeben, die aber so einfach gesetzt sind, daß man sie auf dem Klavier spielen kann. Außerdem gibt es von jedem Musikstück, von dem im Buch die Rede ist, mittlerweile eine oder mehrere Schallplattenaufnahmen. Ich möchte also jedem Leser raten, sich die betreffenden Schallplatten zu beschaffen, vor allem von den etwas längeren Beispielen. Überdies haben die Noten wie die Platten den großen Vorteil, daß man sie – nur zum Hören oder zum Studieren – sich immer wieder vorspielen kann, was beim Fernsehen natürlich nicht geht.

Es gibt noch etwas, das nicht so leicht zu erklären ist: Meine Gedanken, die ich im Fernsehen direkt zu vermitteln versuchte, wirken, wenn man sie wörtlich einfach abdruckt, seltsamerweise anders, und so haben wir manches umschreiben und neu formulieren müssen. Und noch etwas: In jeder Fernsehsendung gab es eine Menge zum Anschauen: wie die Instrumente aussehen *und* zugleich wie sie klingen. So haben wir unserem Buch viele anschauliche Bilder beigegeben, die Isadore Seltzer gezeichnet hat.

Der Wechsel vom Bildschirm zum gedruckten Buch ähnelt daher ein bißchen einer Übersetzung von einer Sprache in die andere oder der Instrumentation eines Klavierstücks für ein Orchester. Wenn ich also im Buch ein wenig anders klinge als ich spreche, dann wißt ihr warum. Für diese Mühe der Übersetzung muß ich vor allem meinem Kollegen Jack Gottlieb danken sowie meinem alten Freund Henry Simon, der übrigens als erster den Gedanken zu diesem Buch hatte.

Vor allem will ich aber den ungezählten jungen Hörern danken, weil sie so begeistert und so intelligent auf unsere Fernsehprogramme reagiert haben. Ohne sie wäre dieses Buch niemals zustande gekommen. *Leonard Bernstein*

Was bedeutet Musik?

Worum geht es eigentlich in einem Musikstück? Was meint ihr, was etwa diese Melodie bedeutet?

Ihr versteht bestimmt, daß meine kleine Tochter Jamie, als ich ihr das Stück vorspielte, sagte: «Das ist der ‹The Lone Ranger›-Song: Cowboys und Räuber, Pferde und Wilder Westen...»
Nun will ich zwar weder meine Tochter noch euch enttäuschen, aber es handelt sich keineswegs um dieses Lied. Es geht um Noten wie C und A und F, ja sogar um Fis und Es. Ganz gleich, was für Geschichten die Leute euch über die Musik erzählen, vergeßt sie. Geschichten können Musik nicht erklären. Musik ist einfach da. Sie besteht aus vielen schönen Noten und Klängen, die so zusammengefügt sind, daß wir Freude daran haben, sie zu hören. Wenn wir also fragen: «Was bedeutet es, was bedeutet dieses Musikstück?» dann ist das eine heikle Frage. Versuchen wir, sie so gut als möglich zu beantworten.

(Um euch die Antwort zu erleichtern, wäre es natürlich am besten, wenn ihr selbst Klavier spielen könntet – zumindest gut genug, um die gedruckten Beispiele auch zu lesen. Wenn ihr aber nicht Klavier spielt, findet ihr vielleicht jemanden, der euch die Stücke vorspielt oder vorsingt.)

Die «Bedeutung» der Musik ist eine sonderbare Sache. Wenn ihr sagt: «Was bedeutet das?» dann meint ihr in Wirklichkeit: «Was versucht es mir zu sagen?» oder: «Was fällt mir dabei ein?» Genauso ist es mit Worten. Wenn ihr Worte hört, stellt ihr euch dabei etwas vor. Wenn ich rufe: «Au, ich habe mir den Finger verbrannt!» wißt ihr sofort:

Ich habe mir den Finger verbrannt.

Es tut weh.

Ich werde einige Zeit nicht mehr Klavier spielen können.

Meine Stimme klingt laut und häßlich, wenn ich schreie – eine ganze Reihe verschiedener Gedanken. Wort-Gedanken.

Wenn ich aber ein paar Töne auf dem Klavier spiele, diese etwa:

dann geben euch diese Noten keine Wort-Gedanken. Bei Tönen geht es nicht um verbrannte Finger oder um Sputniks, Lampenschirme oder ähnliches.

Aber *was* bedeuten sie dann? Sie bedeuten Musik. Nehmt zum Beispiel dieses kleine Prélude von Chopin:

Es ist schöne Musik. Aber was bedeutet sie? Nichts. Oder nehmt ein Stück aus einer Beethoven-Sonate:

Auch hier geht es nicht um irgend etwas. Oder hier ein bißchen Jazz:

Was heißt das? Nichts. Alle diese Musik bedeutet nichts, aber es macht Freude, sie zu hören. Warum macht es Freude? Ich weiß es nicht. Es gehört zur menschlichen Natur, der Musik gern zuzuhören.

Ihr seht, Noten sind keine Worte. Denn wenn ich irgendein Wort sage,

«Rakete» etwa, dann bedeutet das etwas. Ihr habt dabei sofort eine Vorstellung. Im Geist seht ihr ein Bild.

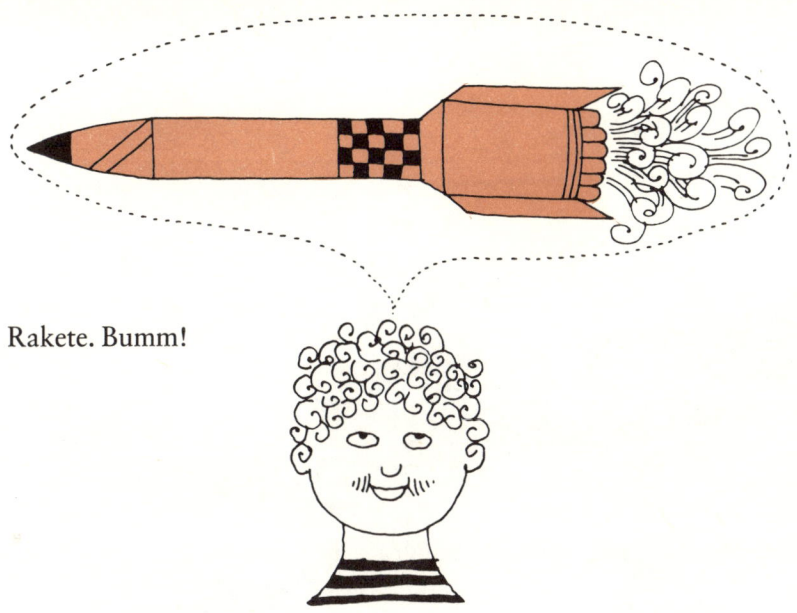

Rakete. Bumm!

Aber eine Note – eine kleine Note für sich allein:

bedeutet nichts. Es ist ein ganz gewöhnliches Fis oder B:

Es ist ein Ton, sonst nichts. Er kann höher sein:

oder tiefer:

lauter:

oder leiser:

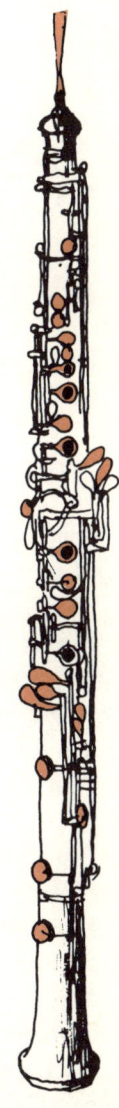

Der Klang ist verschieden, wenn ich den Ton auf dem Klavier spiele oder ihn singe, wenn eine Oboe (ihr seht sie auf der gegenüberliegenden Seite) ihn spielt

oder ein Xylophon oder eine Posaune.

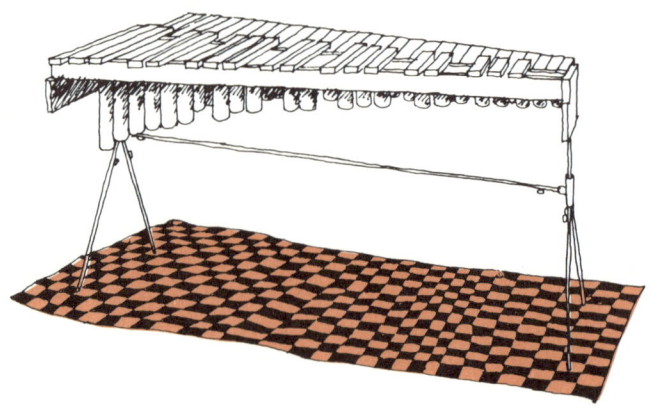

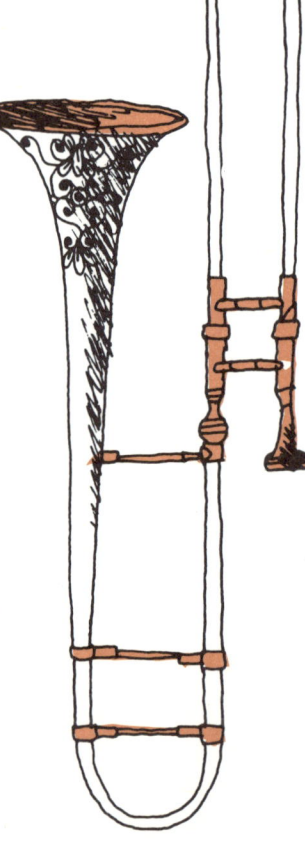

Es ist immer dieselbe Note, doch sie klingt immer wieder anders.

Nun, jede Musik ist eine geplante Zusammenstellung solcher Klänge. Derjenige, der diesen Plan ausdenkt, ist der Komponist, ob er nun Rimsky-Korssakow heißt oder Richard Rodgers. Die Absicht des Komponisten besteht darin, die Klänge verschiedener Instrumente oder Stimmen so zusammenzufügen, daß dabei etwas herauskommt, was uns erregt oder erfreut, bewegt oder interessiert – oder alles zusammen.

Das nennt man Musik, und sie drückt das aus, was der Komponist plante. Aber es ist ein *musikalischer* Plan, der nur eine musikalische Bedeutung und nichts mit irgendwelchen Geschichten, Bildern oder ähnlichen Dingen zu tun hat.

Wenn natürlich einmal eine Geschichte mit einem Musikstück zusammenhängt, dann hat auch das seine Richtigkeit. In gewisser Beziehung verleiht sie der Musik eine besondere Bedeutung; aber die Erzählung ist nicht ein Teil der Musik. Was auch immer die Musik wirklich meint, es ist *nicht* die Geschichte – auch wenn eine Geschichte mit ihr verbunden ist.

Jetzt wollen wir versuchen herauszufinden, was Musik denn ausdrückt. Machen wir den ersten Schritt. Erinnert ihr euch an das Stück, über das wir am Anfang sprachen?

Glaubt ihr immer noch, dieses Stück sei eine Wildwestmusik, weil es die «Lone-Ranger»-Melodie ist? Nun, das Stück kann schon darum nichts mit dem Wilden Westen zu tun haben, weil es von einem Mann geschrieben ist, der vom Wilden Westen gar nichts wußte. Er war ein Italiener namens Rossini. Wir denken vielleicht, diese Musik passe zu Pferden und Cowboys, weil wir sie im Kino oder im Fernsehen bei solcher Gelegenheit gehört haben. In Wirklichkeit aber komponierte Rossini dies als Ouvertüre zur Oper *Wilhelm Tell*, die von Menschen in der Schweiz handelt, also hübsch weit entfernt vom Wilden Westen. Jeder kennt die Geschichte von Wilhelm Tell, dem Mann, der mit Pfeil und Bogen einen Apfel vom Kopf seines kleinen Sohnes schießen mußte.

Vielleicht meint ihr jetzt, daß die Musik mit Wilhelm Tell und der Schweiz zu tun hat anstatt mit Cowboys. Aber auch das stimmt nicht. Es handelt sich weder um Wilhelm Tell noch um Cowboys, noch um Lampenschirme oder Raketen, noch um irgend etwas, das sich in Worten ausdrücken läßt.

Was macht aber dann diese Musik so aufregend? Dafür gibt es tausend Gründe, aber es sind alles *musikalische* Gründe. Das ist der wesentliche Punkt.

Hört einmal auf den Rhythmus:

Klopft ihn mit den Knöcheln auf einem Holztisch, und vielleicht erinnert euch das an den Rhythmus von galoppierenden Pferden. Oder versucht es auf einer Trommel, wenn ihr eine auftreiben könnt; dann klingt es wie der Rhythmus von Trommeln in einer Schlacht. Aber das heißt nicht, daß es Musik *über* Pferde oder *über* eine Schlacht ist. Das Wesentliche liegt nur darin, daß uns der Rhythmus mitreißt.

Noch aus einem anderen Grund packt uns diese Musik: Sie hat eine hübsche

Melodie, die man sich leicht merken kann. Die erste Phrase steigt aufwärts – ihr könnt es sehen, wenn ihr die Noten nur anschaut, ohne sie zu spielen:

und dann folgt als Antwort darauf eine absteigende Phrase:

Es ist wie Frage und Antwort oder sogar wie ein Wortgefecht, das die zweite Person gewinnt. Versucht es einmal zu zweit; singt euch gegenseitig zu und schaut, wer gewinnt. Zuerst singt der eine die Anfangsphrase:

und dann antwortet der andere mit der zweiten Phrase:

Dann setzt der erste wieder ein, mit der dritten Phrase (die genau gleich ist wie die erste):

und dann beendet ihr den Streit mit einer letzten Phrase wie dieser:

Der zweite hat gewonnen! Seht ihr, welch ein Schwung in dieser letzten Phrase liegt? Ganz der Triumph beim Sieg in einem Streit.

Es gibt noch andere Gründe, warum diese Musik aufregend ist – die Art, wie oder auf welchen Instrumenten man sie spielt. Da sind zum Beispiel die Geigen, die ihre Bogen auf den Saiten springen lassen (Musiker nennen das «spiccato») und so diesen galoppierenden Klang erzeugen.

Wenn das alle Geigen gleichzeitig tun, dann galoppiert die Musik tatsächlich! Ihr seht, diese Musik reißt uns mit, weil sie dazu geschrieben ist – aus musikalischen Gründen, und nur aus diesen.

Vielleicht fragt ihr euch jetzt, warum ein Komponist dann seiner Musik eigentlich Namen gibt. Warum schreibt er nicht einfach etwas und nennt es «Symphonie», «Trio», «Komposition Nr. 28» oder sonstwie? Warum gibt er der Komposition einen Namen wie «Der Zauberlehrling» oder irgendeinen anderen, wenn es für die Musik nicht wichtig ist?

Das tut ein Künstler einfach deshalb, weil er gelegentlich durch seine Umwelt angeregt wird, sich auszudrücken – durch etwas, was er gelesen hat oder erlebt oder gesehen. Habt ihr nicht schon einmal gespürt, daß ihr etwas erlebt, das euch dazu anregt, zu singen oder zu tanzen oder sonstwie eure Gefühle auszudrücken? Jeder kennt dieses Erlebnis. Nun, so geht es auch dem Komponisten.

Johann Strauß schrieb viele Walzer. Einen nannte er *An der schönen blauen Donau*, ihr kennt ihn sicher. Er fängt so an:

Vielleicht wurde Strauß durch die Donau angeregt, den Walzer zu schreiben, aber diese Noten haben nichts mit dem Fluß zu tun.

Ein anderer schöner Walzer von Strauß heißt *G'schichten aus dem Wienerwald* und hat nichts mit dem Wienerwald oder anderen Wäldern zu tun. Er könnte genausogut «An der schönen blauen Donau» oder «Kaiserwalzer» oder sonstwie heißen. Ein Walzer von Strauß, gleich welchen Namen er hat, ist immer ein schöner Walzer. Der Name ist unwesentlich und dient höchstens dazu, den einen Walzer vom anderen zu unterscheiden oder der Musik wie durch ein Kostüm mehr Farbe zu geben.

Jetzt werde ich einen Versuch mit euch machen. Ich beschreibe ein Musikstück, dem eine Geschichte zugrunde liegt, aber ich werde die *falsche* Geschichte erzählen – eine Geschichte, die *ich* zur Musik erfunden habe. Wenn ich dann verrate, welches Stück es in Wirklichkeit ist, dann habt ihr vielleicht Gelegenheit, eine Aufnahme davon zu hören, und ihr werdet sehen, wie gut meine Geschichte dazu paßt.

Es geht los: Mitten in einer großen Stadt steht ein riesiges Gefängnis, voll mit Häftlingen. Es ist Mitternacht und alle schlafen bis auf einen, der nicht schlafen kann, weil er unschuldig ist; er ist zu Unrecht eingesperrt worden. Er verbringt die ganze Nacht damit, auf seiner Flöte zu üben, während die anderen Häftlinge um ihn herum schnarchen. Aber dieser Gefangene hat einen Freund, der heute nacht kommen und ihn befreien soll – *Superman*. Und jetzt kommt Superman auf seinem Motorrad durch die Allee herangerast; ihr hört, wie die Geigen zum Angriff spielen:

Dann pfeift er sein geheimes Signal (in den Holzbläsern), und der Gefangene weiß, daß er kommt; das klingt so:

Während der Retter sich dem Gefängnis nähert, hört er die Gefangenen friedlich in der nächtlichen Stille schnarchen. Die Blechbläser ahmen mit Zungenschlag das Geräusch nach:

Er hört auch seinen Freund durch das Schnarchen hindurch auf der Flöte spielen, um so lauter, je näher er herankommt:

Plötzlich dringt er in den Gefängnishof ein und schlägt der Wache über den Kopf, was das Orchester mit einem lauten Krach im Schlagzeug anzeigt – so:

Die Flöte verstummt, und während das Schnarchen noch weiter ertönt, packt Superman seinen Freund und fährt mit ihm auf dem Motorrad davon. Das Schnarchen wird immer leiser, bis wir es gar nicht mehr hören – mit einem Ausbruch im Orchester erlangt unser Held endlich die Freiheit!

Das hat doch alles einen Sinn, nicht wahr? Aber es ist keineswegs die richtige Geschichte. In Wirklichkeit gehört die Musik zu einem viel längeren Stück, dem *Don Quixote* von Richard Strauss (nicht verwandt mit Johann Strauß).

Strauss versucht eine völlig andere Story mit seiner Musik zu erzählen, nämlich ungefähr folgende:

Don Quixote ist ein närrischer alter Kauz, der zu einer Zeit lebte, als Ritter zu Pferde rasch aus der Mode kamen. Er hatte zu viele Bücher über die Ritter gelesen, über Kämpfe und Siege für schöne Frauen, und so beschließt er, selbst solch ein edler Ritter zu sein. Er reitet auf seinem klapprigen alten Gaul los, um die Welt zu erobern:

Ein Gefährte namens Sancho Pansa begleitet ihn, ein dicker, lustiger Kerl, seinem Herrn treu ergeben, aber gescheit genug, um zu merken, daß dieser ein wenig einfältig ist.

So hören wir Sancho Pansa vor sich hin kichern:

Während sie zusammen reiten, begegnet ihnen auf dem Feld mit lautem Geblök eine Schafherde:

Ein Schäfer ist dabei und bläst auf der Flöte wie alle Schäfer:

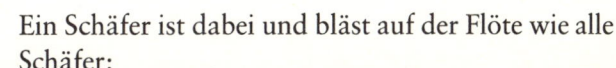

Don Quixote ist ganz verwirrt und sieht in den Schafen eine Armee, die er besiegen müsse. Er greift sie an und schlägt auf sie ein:

Die Schafe springen in alle Richtungen mit lautem Bäh-Bäh davon. Don Quixote ist überzeugt, eine wahrhaft ritterliche Tat vollbracht zu haben. Und wie stolz er jetzt ist!

Inzwischen habt ihr sicherlich gemerkt, daß dieselbe Musik, die zu Superman und seinem Motorrad paßte, in Wirklichkeit für Don Quixote auf seinem Pferd geschrieben ist; daß der Gefangene eigentlich der Schäfer war, der auf der Flöte blies. Was ist der Unterschied: Ob diese Noten:

das Geräusch schnarchender Gefangener oder blökender Schafe darstellen? Oder ob dieser Ton

Superman bezeichnet, der den Wächter, oder Don Quixote, der die Schafe niederschlägt? Und so weiter und so weiter.

Es gäbe tatsächlich noch Hunderte von Geschichten, die ich für diese Musik erfinden könnte. Sie wäre aber ebenso gut oder ebenso schlecht, auch ganz ohne irgendwelche Geschichten. Versteht ihr jetzt, was ich meine? Ein und dieselbe Musik kann ganz verschiedene Dinge ausdrücken.

In dieser Komposition vom *Don Quixote* gibt es später eine Stelle, in der unser Freund ein anderes Abenteuer erlebt, wenn er und sein Kamerad Sancho Pansa einen wilden Ritt durch die Luft vollführen. In diesem Teil gibt es sogar eine Windmaschine im Orchester, durch die man den Wind sausen hört, wenn die beiden durch die Wolken auf und nieder flitzen. Aber warum sollte diese Musik nicht den Flug eines Düsenjägers beschreiben? Oder einen Satelliten, der in seiner Bahn kreist, oder gar das Schnarchen irgendeines alten Riesen? Es ist nicht wichtig, worüber die Musik geschrieben ist; es ist spannende Musik, weil die *Musik* spannend ist.

Damit haben wir aber genug über solche Musik gesprochen, der irgendwelche Erzählungen zugrunde liegen. Jetzt wollen wir einen weiteren großen Schritt tun, um herauszufinden, was Musik wirklich ausdrückt. Wir wollen uns etwas anhören, das nicht versucht, eine Geschichte zu erzählen; Musik, die nur ein bestimmtes Bild malen oder eine Stimmung beschreiben will – wie einen Sonnenaufgang, wie eine Nacht im Wald oder in einem verhexten Haus. Damit gelangen wir eher zur wahren Bedeutung der Musik, denn es gibt hier keine Erzählung, auf die man beim Zuhören achten muß. Wir brauchen bloß an den Gesamtinhalt des Bildes zu denken. So können wir uns stärker auf die Musik konzentrieren und sie besser genießen.

Nehmen wir als Beispiel Beethovens *Sechste Symphonie*. Hier haben wir wunderbare Musik mit herrlichen Melodien, großartigen Rhythmen und sehr stimmungsvoll – fröhlich, mitreißend und friedlich zugleich –, alles mögliche liegt darin. Aber Beethoven verband mit dieser Symphonie die Vorstellung vom Landleben – von Bauern, Bächen, Vögeln und Hirten. Er nannte die Symphonie *Pastorale*. Wie ihr wißt, heißt «pastoral» ländlich.

Den Anfang des ersten Satzes bezeichnete Beethoven mit den Worten: «Erwachen heiterer Empfindungen bei der Ankunft auf dem Lande»; er läßt die Geigen spielen:

Ganz gewiß klingt das glücklich, heiter, lieblich. Aber diese Gefühle könnten aus jedem anderen Grund fröhlich sein. Angenommen, Beethoven hätte in die Partitur geschrieben: «Glückliche Gefühle, weil mein Onkel mir eine Million Dollar hinterlassen hat» – er hätte ebenso diese heitere Musik komponieren können, und sie klänge ebenso gut und ebenso glücklich.

Beethoven nennt den zweiten Satz dieser Symphonie «Szene am Bach». Die Bewegung in der Musik soll den Lauf eines Baches andeuten oder nachahmen.

Das klingt so:

Doch angenommen, man würde den zweiten Satz «In der Hängematte eingeschlafen» nennen und bei der Musik an sanftes Schaukeln denken statt an Wasser, es würde nichts ändern, die Musik würde ebenso freundlich und überzeugend klingen.

Eines der besten Musikstücke, die Bilder malen, komponierte der russische Komponist Mussorgsky mit den *Bildern einer Ausstellung*. Er sah eine Menge Bilder, die in einem Museum an der Wand hingen, und schrieb eine Folge von Klavierstücken, von denen er dachte, sie würden die Bilder darstellen – mit anderen Worten, er versuchte mit Tönen das zu tun, was sein Freund, der Maler Victor Hartmann, mit den Farben getan hatte.

Der berühmte französische Komponist Ravel orchestrierte dann diese Klavierstücke und verlieh ihnen damit noch mehr Klangfarbe. Natürlich kann man mit Musiknoten nicht dasselbe schaffen wie mit Farben. Man kann mit Tönen keine Nase malen, kein Gebäude, keinen Sonnenuntergang. Aber man kann so tun als ob.

Zum Beispiel stellt eines der Stücke Mussorgskys spielende Kinder in einem Park dar. Der Komponist imitiert dabei mit Tönen, wie Kinder sprechen, wenn sie spielen – es klingt fast so, als würden sie singen:

oder als würden sie sich gegenseitig necken und «Äh, äh, äh» rufen. Ravel machte es so, daß er näselnd klingende Holzblasinstrumente einsetzte:

Da gibt es noch ein anderes Bild, das Mussorgsky mit Tönen gemalt hat – viele kleine Küken, die noch nicht ganz aus dem Ei gekrochen sind. Mit vielen kurzen, piepsenden Tönen der Holzbläser ahmten Mussorgsky und Ravel das Quietschen und das Picken mit den Schnäbeln nach – es hört sich so an:

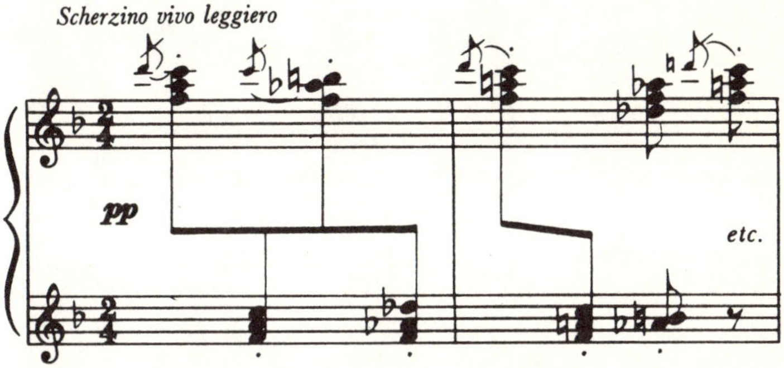

Victor Hartmanns
Zeichnung zu dem Ballett:
«Küken in der Eierschale»

PICCOLO

KONTRA-
FAGOTT

FLÖTE

KLARINETTE

ENGLISCH-
HORN

OBOE

Auf einem anderen Bild malt Mussorgsky ein großes Tor in der Stadt Kiew, einen riesengroßen Steinbau.

Ihr könnt begreifen, was Mussorgsky sich vorstellte, wenn ihr die vollen, schweren Akkorde hört, vom ganzen Orchester gespielt – sie sind wie Säulen, auf denen diese Steinmassen ruhen:

Ihr denkt jetzt an ein großes Tor, aber nur, weil man es euch gesagt hat. Wenn man euch statt dessen gesagt hätte, ihr sollt an den Mississippi denken, wie er majestätisch durch Nordamerika fließt, dann würde euch dieses Bild vorschweben. Wieder stehen wir vor dem alten Problem: Ein Bild wird durch Musik nur deswegen hervorgerufen, weil der Komponist es sagt, aber es gehört nicht wirklich zur Musik. Es wird hinzugefügt.

Achtet also, wenn ihr einmal Mussorgskys *Bilder einer Ausstellung* hört, besonders auf das «Ballett der Küken in ihren Eierschalen» und «Das große Tor von Kiew».

Jetzt machen wir noch einen riesengroßen Schritt zur Beantwortung unserer Ausgangsfrage, die hieß: «Was bedeutet Musik?» Dies ist ein wirklich großer Schritt, und er bringt uns der Antwort näher.

Denken wir nicht mehr an jene Musik, die Geschichten erzählt oder Bilder malt, sondern an die Musik, die Gemütsbewegungen ausdrückt, Gefühle – wie Schmerz, Glück, Zorn, Einsamkeit, Aufregung oder Liebe. Ich glaube, so ist jede Musik beschaffen, und je besser sie ist, desto mehr spürt man, welche Gefühle den Komponisten bewegten, als er sie schrieb.

Tschaikowsky war solch ein Komponist, der immer versuchte, seiner Musik eine gefühlsmäßige Bedeutung zu geben. Hört euch ein Thema seiner *Vierten Symphonie* an, etwa dieses:

Vielleicht kann man es am besten beschreiben, wenn man sagt, es drücke ein Verlangen aus, als möchte man gern etwas haben, was man nicht erhalten kann. Habt ihr schon einmal erlebt, daß ihr etwas um alles in der Welt bekommen wolltet, daß ihr danach verlangtet und man euch nein sagte; dann sagt ihr wieder: «Ich will es!» und wieder sagt man euch nein. Nochmals drängt ihr, lauter und heftiger: «Ich *will* es!» und dann noch aufgeregter: «Ich *will* es!» bis euch schien, es müsse etwas in euch zerbrechen, und euch nichts übrigblieb, als zu weinen? Das kommt in dieser Passage zum Ausdruck:

Ich   will   es _____ ich will ___ es _____ ich will es ___ *etc.*

Wenn euch ein Orchester die Stelle vorspielt, habt ihr sicher dieselben Gefühle.

Manchmal benutzt Tschaikowsky die gleiche Melodie, um zwei verschiedene Stimmungen auszudrücken. So schreibt er am Anfang seiner *Fünften Symphonie* folgende Töne, die traurig, düster und niedergeschlagen klingen, besonders, wenn sie von den Klarinetten gespielt werden:

Aber am Ende der Symphonie ändert er einige Noten – was man in der Musik Wechsel von Moll zu Dur nennt –, und das ganze Orchester klingt nun freudig und triumphierend, wie wenn ein Fußballer, der gerade ein Tor geschossen hat, damit zum Helden des Tages geworden wäre:

Wenn ihr diese Musik hört, möchtet ihr jubeln.

Nun können wir wirklich verstehen, was Musik ausdrücken will: *Es kommt darauf an, was ihr empfindet, wenn ihr die Musik hört.* Wir haben jetzt endlich den letzten großen Schritt getan und wissen, was Musik bedeutet. Wir brauchen nicht alles über Halbtöne, Ganztöne und Akkorde zu wissen, um Musik zu verstehen. Wenn sie uns etwas sagt – nicht etwas erzählt oder ein Bild beschreibt, sondern ein Gefühl erweckt –, wenn sie eine Veränderung in uns bewirkt, dann verstehen wir Musik. Das ist alles. Denn diese Gefühle gehören zur Musik. Sie stehen nicht selbständig da wie die Geschichten und Bilder, über die wir vorher gesprochen haben. Sie sind nicht außerhalb der Musik. Um diese Gefühle geht es in der Musik.

Das Wunderbarste aber ist, daß die Gefühle, welche Musik in uns hervorruft, unendlich vielfältig sind. Manche kann man mit Worten gar nicht beschreiben.

Oft können wir unsere Gefühle benennen wie etwa Freude oder Trauer, Liebe, Haß oder Friedlichkeit. Es gibt aber auch andere Empfindungen, die so tief und einzigartig sind, daß wir keine Worte für sie haben. Deswegen ist Musik so wunderbar. Sie nennt uns die Gefühle – in Tönen allerdings statt in Worten.

Das liegt daran, daß Musik Bewegung ist, daß sie immer irgendwohin strebt, sich vorwärts schiebt, sich verändert und von einer Note zur nächsten fließt. Diese Bewegung kann uns über unsere Gefühle mehr sagen als tausend Worte es könnten.

Wenn ihr zum Beispiel nur einen einzelnen Ton lange Zeit spielt:

dann bedeutet er allein noch nichts; es liegt keine Bewegung darin. Aber sobald dann dazu noch ein Ton gespielt wird:

stellt sich sofort ein Sinn ein: Etwas wie eine Spannung, ein Ausdehnen oder Vorwärtsdrängen oder wie immer man es bezeichnen mag. Der Sinn hängt davon ab, wie sich die Musik bewegt und in uns etwas hervorruft. Wenn ich mich von diesem ersten Ton zu einem anderen bewege,

dann ändert sich der Sinn. Etwas anderes wird in uns wach. Die Spannung wird größer, bedeutender. Dieser Ton hier:

bedeutet etwas Bestimmtes, mit diesem Akkord darunter:

und ruft ein bestimmtes Gefühl in uns hervor, aber er hat einen anderen Sinn, wenn ein anderer Akkord darunter liegt:

Wieder etwas anderes bedeutet der Ton zusammen mit diesem Akkord:

und bewirkt eine neue Stimmung.

Die folgenden Töne deuten an, daß etwas Geisterhaftes und Aufregendes vor sich geht, wie in alten Filmen:

Wenn man aber dieselben Noten anders spielt, klingen sie lieblich wie ein Walzer:

Ihr seht also, der Sinn der Musik liegt *in* der Musik, in ihren Melodien und Harmonien, in den Rhythmen, in der Farbe des Orchesters und ganz besonders darin, wie sie sich entwickelt.

Doch die Art, wie Musik sich entwickelt, ist wieder ein völlig anderes Gebiet, und ich werde darüber etwas sagen, wenn wir über symphonische Musik sprechen. Jetzt will ich nur noch einmal darauf hinweisen, daß in der Musik ein eigener Sinn liegt, den ihr leicht spüren könnt; ihr braucht weder Geschichten noch Bilder dazu, um zu sagen, was Musik bedeutet. Wenn ihr Musik überhaupt liebt, werdet ihr den Sinn ganz allein herausfinden – beim bloßen Zuhören. Und das solltet ihr tun. Lehnt euch zurück, entspannt euch und genießt, lauscht auf die Töne; spürt, wie sie sich bewegen, wie sie springen, hüpfen, tanzen, glitzern und gleiten – freut euch einfach darüber.

Die Bedeutung der Musik liegt in der Musik selbst und sonst nirgends.

Wann klingt eine Musik «amerikanisch»?

Ich glaube, es gibt hierzulande, ja in der ganzen Welt kaum jemanden, der nicht sofort Gershwins Musik – etwa seinen *Amerikaner in Paris* – als amerikanische Musik erkennen würde. Sie ist einfach durch und durch «amerikanisch» – nicht nur weil es im Titel steht oder der Komponist Amerikaner war. Es ist die Musik selbst: Sie klingt amerikanisch, riecht amerikanisch, und wenn man sie hört, glaubt man selbst ein bißchen Amerikaner zu werden.

Woher kommt das? Woran liegt es, daß man bestimmte Musik als zu Amerika gehörig empfindet?

Fast jedes Land hat eine Musik, die zu ihm gehört und die seinem Volk richtig und natürlich erscheint. Wenn eine Nation ihre eigene Musik hervorbringt, nennen wir das ihre «nationale» Musik. Manchmal ist es nur Volksmusik, ganz einfache Lieder – oder nicht einmal richtige Lieder: Vielleicht ist es auch nur ein Gebet um Regen, das ein Kongolese auf der Trommel schlägt:

oder eine schlichte Melodie in arabischem Stil:

oder Tanzmusik wie die polnische Mazurka:

oder eine Tarantella aus Italien:

aber es kann auch ein alter irischer «Ketten»-Tanz sein:

Kaum hört man diese Melodie, weiß man schon, daß sie aus Irland stammt, so, wie man weiß, daß die Mazurka polnisch und die Tarantella italienisch ist.

Unter tausend Rhythmen hört man garantiert den spanischen heraus. In der *Spanischen Rhapsodie* von Ravel gibt der Rhythmus – zusammen mit dem Klang der Kastagnetten oder des Tamburins – der Musik ihren unverkennbar spanischen Charakter.

Und ein *Ungarischer Tanz* von Brahms ist so ungarisch wie Gulasch:

Oder nehmen wir ein Beispiel aus Tschaikowskys *Vierter Symphonie:*

Das klingt so russisch, weil darin ein russisches Volkslied steckt, eine alte Melodie, die jedermann dort kennt und von Kindheit an gesungen hat. Es heißt «Kleines Birkenbäumchen» und klingt so:

Tschaikowsky hat diese Melodie in seiner *Vierten Symphonie* ausgiebig verwendet, und das macht diese Symphonie so unverwechselbar. Sie klingt «russisch».

Wir sehen also, daß diese Musik, wenn sie dort gespielt wird, wohin sie gehört, den Menschen das Gefühl gibt: Sie gehört zu ihnen, und sie gehören zu ihr – es ist *ihre* Musik. Und zwar weil in den meisten Ländern die Menschen diese kurzen Melodien seit Jahrhunderten gesungen haben; sie besitzen sie einfach. Sie haben sie von den Vorfahren ererbt, die diese von ihren Vätern übernahmen. Wenn die Russen also eine Tschaikowsky-Symphonie hören, klingt sie ihnen vertrauter als uns oder vielleicht einem Franzosen.

Bei den Amerikanern kamen die Vorfahren freilich aus vielen verschiedenen Ländern. Schauen wir einmal nach der Herkunft von einigen der führenden amerikanischen Komponisten: Howard Hansons Eltern kamen aus Schweden, die von Walter Piston aus Italien, die von George Gershwin aus Rußland, während Charles Ives aus einer Walfänger-Familie in New England kommt, die auf britische Einwanderer zurückgeht. Und wollten wir die Herkunft aller Amerikaner, die dieses Buch lesen, herausfinden, so würde uns das in jedes Land der Erde führen.

Was haben wir – bei so vielen verschiedenen Vorfahren – denn überhaupt Gemeinsames, das wir *unsere* Volksmusik nennen könnten? Eine knifflige Frage. Wir haben ja nicht viel Zeit gehabt, eine eigene Volksmusik zu entwickeln. Man darf nicht vergessen, daß Amerika ein ziemlich junges Land ist, verglichen mit all den anderen Ländern. Wir sind ja nicht viel älter als zweihundert Jahre!

Die richtige amerikanische Musik begann erst um die Jahrhundertwende. Damals ahmten die wenigen amerikanischen Komponisten einfach die europäischen nach und komponierten wie Brahms, Liszt oder Wagner. Das waren gewissermaßen die Kindergartenjahre der amerikanischen Musik. Da gab es beispielsweise einen sehr guten Komponisten namens George W. Chadwick, der vorzügliche, sicher auch tief empfundene Musik schrieb; aber man kann sie kaum von der Musik von Brahms oder Wagner unterscheiden.

Anfang des 20. Jahrhunderts wurden sich die amerikanischen Komponisten jedoch allmählich bewußt, daß sie Musik schrieben, die überhaupt nicht «amerikanisch» klang. Und es war ein Ausländer, der sie darauf hinwies: der tschechische Komponist Antonín Dvořák, der Amerika besuchte und ganz verblüfft war, als er sah, daß dort die meisten Komponisten die gleiche Musik schrieben wie er selber. Also sagte er den amerikanischen Kollegen: «Warum benutzt ihr nicht eure eigene Volksmusik beim Komponieren? Hier gibt es doch herrliches Material – zum Beispiel die Musik der Indianer, die die eigentlichen Amerikaner sind. Macht etwas daraus!» Aber er hatte natürlich nicht bedacht, daß die Musik der Indianer mit den meisten von uns nichts zu tun hat, weil unsere Vorfahren gar nicht aus Amerika stammen. Die Musik der Indianer ist einfach nicht unsere Musik.

Dvořák kümmerte das wenig, und er fand das Ganze so aufregend, daß er beschloß, selbst eine amerikanische Symphonie zu schreiben und zu zeigen, wie so etwas aussehen konnte. Er ließ sich ein paar Themen im amerikanischen Stil einfallen (und auch im afro-amerikanischen, denn er meinte, auch die Musik der Schwarzen sei amerikanisch), und machte daraus die Symphonie *Aus der Neuen Welt*. Das Dumme daran ist nur, daß seine Musik überhaupt nicht «amerikanisch» klingt. Sie klingt tschechisch oder böhmisch – so muß es ja auch sein, und sie klingt wunderschön. Ich bin sicher, fast jeder kennt den zweiten Satz dieser Symphonie – eine bekannte Melodie, der man oft die Worte «Goin' Home» unterlegt hat:

Die meisten glauben, es wäre ein Negro Spiritual, und singen es auch so. Aber das ist es keineswegs, sondern eine hübsche böhmische Melodie von Dvořák. Nichts an ihr ist amerikanisch oder «schwarz». Und wenn ich der Musik einen patriotischen Text unterlege, könnte es klingen wie die tschechische Nationalhymne:

Das klingt nicht sehr «amerikanisch», oder?

Dennoch hat Dvořák damals auf die amerikanischen Komponisten großen Eindruck gemacht. Sie begeisterten sich und fingen an, Hunderte von sogenannten amerikanischen Stücken zu schreiben, in denen sie altamerikanische und afroamerikanische Melodien verwendeten. Das wurde fast eine Krankheit; jeder machte es. Und die meisten dieser Montezuma-Opern und Minnehaha-Symphonien oder Baumwollpflücker-Suiten sind längst vergessen und verstauben in den Regalen. Man kann sich nicht einfach vornehmen, «amerikanisch» zu komponieren; man kann sich nicht einfach hinsetzen und beschließen: «Jetzt komponiere ich amerikanisch, komme, was da wolle.» Man kann nicht plötzlich nationale Musik schreiben. Das war also ein Irrtum; aber einer, der am Anfang leicht passieren kann. Diese frühen Komponisten lernten ja erst, Amerikaner zu sein, kamen vom Kindergarten gerade in die Grundschule.

Und sogar in dieser Grundschul-Zeit entstand eine Menge ziemlich guter Musik – zum Beispiel von Edward MacDowell. Unter anderem komponierte er eine Suite, in der er Indianermelodien verwendet, aber auch sie klingt für mich noch nicht besonders «amerikanisch», eher wie die Musik unseres alten Freundes Dvořák. Dann gab es einen Komponisten namens Henry Gilbert, der auch sehr begabt und ganz besonders an Neger-Melodien interessiert war. Und es gab noch mehr; aber richtige «amerikanische» Musik gab es immer noch nicht.

Allmählich kamen unsere Musiker von der Grundschule in die höhere Schule. Der Erste Weltkrieg war gerade vorüber, und in der amerikanischen Musik war etwas ganz Eigenartiges passiert: Der Jazz war geboren, und das änderte alles.

Endlich gab es so etwas wie eine amerikanische Volksmusik, die *allen* Amerikanern gehörte. Jedermann tanzte Foxtrott und konnte «Alexander's Ragtime Band» singen, egal ob er aus Texas, aus North Dakota oder aus South Carolina stammte. Und auch die Komponisten, die ernste Musik schrieben, konnten ihre Ohren nicht vor dem Jazz verschließen; er war Teil von ihnen, lag einfach in der Luft. Ein Komponist wie Aaron Copland fing an, Stücke wie *Music for the Theatre* zu schreiben, in denen eine Menge Jazz steckt, und diese Musik wurde nicht nur von Jazzbands oder Tanzorchestern, sondern von großen Symphonieorchestern, wie dem in Boston, gespielt. Für die Bostoner muß es damals ein rechter Schock gewesen sein, Coplands Jazz in der ehrwürdigen Symphony Hall der Stadt zu hören.

Die Begeisterung für den Jazz war so gewaltig, daß sogar europäische Komponisten ihn in ihrer Musik verwendeten – Leute wie Ravel und sogar Strawinskij.

Doch der Komponist, der den Jazz am wirkungsvollsten für seine Musik einsetzte, war ohne Frage George Gershwin. Als er 1924 seine *Rhapsody in Blue* schrieb, brachte er ganz New York, dann ganz Amerika und schließlich die ganze westliche Welt in Bewegung. Man stelle sich einmal vor, wie das damals in den Ohren ernsthafter Musikliebhaber geklungen haben muß:

Hier war endlich der echte, natürliche Einfluß einer Volksmusik – des Jazz –, der viel echter und viel natürlicher war als die Rückbesinnung auf die Musik der Indianer oder die afroamerikanischen Spirituals. Aber unsere Komponisten saßen noch immer in der höheren Schule, sozusagen. Und damit meine ich, daß sie noch immer ganz bewußt «amerikanisch» komponieren wollten, nur daß sie jetzt statt der Indianermelodien und der kreolischen Lieder den Jazz benutzten, immer auf der Suche nach typisch «amerikanischer» Musik. Die Ergebnisse klangen ziemlich gewollt. Doch in den dreißiger Jahren war der Einfluß des Jazz selbstverständlich geworden, er war ihnen in Fleisch und Blut übergegangen. Wenn sie jetzt komponierten, klang es plötzlich ganz von selber amerikanisch. Das war schon besser. Nun hatten sie die Schule hinter sich, und das Studium konnte beginnen.

Nehmen wir zum Beispiel die Jazz-Rhythmen. Das Besondere daran sind die *Synkopen*, die unerwarteten Betonungen, bei denen der Akzent auf einer normalerweise unbetonten Zählzeit liegt. Hier hören wir zum Beispiel gleichmäßige Schläge, vier pro Takt:

Über diese gleichmäßigen Schläge schreiben wir jetzt ein paar Noten, die nicht auf den Schlag kommen, sondern dazwischen oder dagegen erklingen – eben Synkopen:

So geht auch der sogenannte Charleston-Rhythmus, bei dem die Synkope nach dem zweiten Schlag kommt:

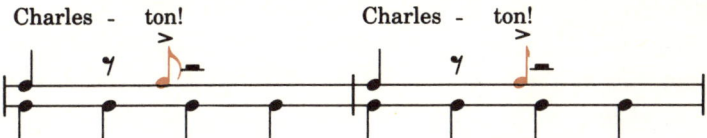

Damals, in ihren «Schuljahren», hatten die Komponisten synkopierte Rhythmen wie im Jazz verwendet; wir kennen das aus Coplands und Gershwins Musik. Doch nach einer Weile, in den dreißiger Jahren, wurden die Synkopen zum Bestandteil der Musik, und diese Musik klingt überhaupt nicht mehr nach Jazz. Mit anderen Worten, diese Synkopen wurden nicht mehr bewußt eingebaut, sondern durch Zufall, aus Gewohnheit. Das war ein nagelneuer amerikanischer Rhythmus, der vom Jazz herstammte, aber überhaupt nicht mehr nach Jazz klang. Der Komponist Roger Sessions zum Beispiel schrieb ein Choral-Präludium, was ja ein ganz ernsthaftes Stück ist, das man in der Kirche spielt. Hier würde man nicht im Traum daran denken, daß Synkopen angebracht wären. Wir finden sie aber auch hier, und es klingt amerikanisch, ohne daß es im geringsten nach Jazz klingt:

Das hätte bestimmt kein Europäer komponiert.

Vielleicht klingt es wie Englisch mit amerikanischem Akzent. Und der Akzent ist es, der die Sprache verändert, als wenn es plötzlich eine ganz neue wäre. Akzent, Rhythmus, Tempo: Das alles spiegelt unsere Lebenshaltung wider. Es besteht ja auch ein gewaltiger Unterschied zwischen, sagen wir, einem Gedicht des englischen Dichters Keats und dem eines amerikanischen Dichters. Es ist dieselbe Sprache, die sie sprechen. Die Worte sehen ganz gleich aus auf dem Papier, aber sie klingen völlig anders.

Zunächst das Beispiel von Keats:

Bright Star, would I were steadfast as thou art!
Not in lone splendor hung aloft the night,
And watching, with eternal lids apart,
Like Nature's patient, sleepless eremite,
The moving waters at their priestlike task
Of pure ablution round earth's human shores,...

Nun vergleicht einmal sein Englisch mit dem des amerikanischen Dichters Kenneth Fearing:

And wow he died as wow he lived,
*   going whop to the office and blooie*
*   home to*
*   sleep and*
*   biff got married and bam had children*
*   and*
*   oof got fired,*
zowie did he live and zowie did he die,...

Beinahe wie zwei verschiedene Sprachen, nicht wahr? So etwas Ähnliches hat es auch in der Musik gegeben. Der Einfluß des Jazz war bald so tief in unserer musikalischen Sprache verankert, daß er den Klang der Musik völlig veränderte. Nehmen wir zum Beispiel einen einfachen Horn-Ruf. Davon gibt es in der Musik eine Menge – ob für Jagdhörner oder Trompeten. Beethoven hat so einen Hornruf in seiner *Dritten Symphonie*, der *Eroica*, auf vornehme europäische Weise verwendet:

Aber man kann das auch völlig anders machen, etwa so wie in dem sehr bekannten «Bugle Call Rag», in dem dieselben Noten vorkommen, und der doch eher klingt wie von Louis Armstrong geblasen:

With swing

f

Nun will ich nicht behaupten, daß alles nur vom Jazz kommt. Im Grunde spielt der Jazz nur eine kleine, aber wichtige Rolle. Es gibt viele andere Dinge, die unsere Musik so beeinflußt haben, daß sie wie «amerikanische» Musik klingt, und die

mit dem Jazz nicht das geringste zu tun haben, sondern die verschiedenen Seiten unseres amerikanischen Wesens widerspiegeln. Das eine ist die jugendliche Begeisterung – laut, kräftig, voller Optimismus. William Schuman ist ein Komponist, der diese Eigenschaft hervorragend verkörpert. Seine *American Festival Overture* steckt voller lärmender Vitalität, so, wie wenn Jungen außer Rand und Band sind. Tatsächlich basiert diese Ouvertüre auf einem Gassenhauer, einem Signal, das die Jungen in Schumans Kindheit riefen, wenn sie auf die Straße gehen und spielen wollten: «Wee-aw-kee!» Ihr werdet den Ruf aus der bekannten Fernsehserie «Lassie» kennen. Schuman hat ihn folgendermaßen in seiner Ouvertüre gebraucht:

Fast

fff   *mf*

Wee - aw__ kee!_____

Das hat Lebenskraft. Unser Schuman war kein Freund von Traurigkeit.

Es gibt freilich noch eine andere Art amerikanischer Vitalität, nicht unbedingt in den großen Städten, aber im «Wilden Westen», voller Abenteurermut. Die Musik von Roy Harris hat diese Vitalität:

SYMPHONY NO. 3

Diese Schroffheit ist ebenfalls typisch amerikanisch.

Außerdem findet man in vielen amerikanischen Musikstücken einen Ausdruck von Einsamkeit, der ganz anders ist, als man erwartet. Man findet weit auseinanderliegende Noten, als wenn sie die Weite des Landes ausdrücken wollten. Als

Beispiel hierfür eine kurze Szene aus Coplands Ballett *Billy the Kid*, eine Stelle, die eine einsame Nacht in der Prärie beschreibt:

Dieses Gefühl der Weite kann man richtig hören, nicht wahr? Auch das ist typisch «amerikanisch».

Und es gibt noch ein einfaches, melodisches, gefühlvolles Element in unserer Musik: Es kommt vom Einfluß der alten Kirchenlieder, vor allem von den Baptisten im amerikanischen Süden. Den Ton dieser naiven amerikanischen Art findet man in der Musik von Virgil Thomson, der aus Kansas City stammt. Hier ein Stückchen aus einer seiner Opern mit dem Titel *The Mother of Us All*, das voll ist von dieser melodischen, selbstgestrickten amerikanischen Stimmung:

Es gibt noch eine andere gefühlvolle Art, die aus der Musik der Schlager stammt: ein sentimentales Summen, wie wenn man ein ausgiebiges warmes Bad nimmt. Hier ist ein Beispiel aus Randall Thompsons *Zweiter Symphonie*, das beinahe wie ein Schlager von Frank Sinatra klingt:

51

52

Tatsächlich gibt es so viele verschiedenartige Einflüsse auf die amerikanische Musik, daß man sie gar nicht alle aufzählen kann. Unsere Musik hat so viele Eigenschaften wie die amerikanischen Menschen – sie ist Spiegelbild unserer großen, bunten, vielseitigen Gesellschaft. Das ist vielleicht das Wichtigste von allem: die bunte Vielfalt. Man denke nur an die vielen Völker und Rassen aus der ganzen Welt, die unser Land geformt haben. Wenn wir daran denken, kann es uns nicht verwundern, wie kompliziert unsere «Volksmusik» ist. Wir haben alles aufgenommen, aus Frankreich, Deutschland, Schottland, Italien, Afrika, Skandinavien und allen anderen Ländern. Wir haben voneinander gelernt, haben es ausgeliehen oder geklaut und alles zusammen in einen großen Topf gerührt. Was sich unsere Komponisten daraus genommen haben, ist wahrscheinlich die reichste Volksmusik, die es gibt, und alles ist «amerikanisch», ob Jazz oder Square-Dance, Cowboy-Lieder oder Hillbilly-Musik, Rock 'n' Roll oder kubanische Mambos, mexikanische Huapangos oder Kirchenmelodien aus Missouri. Es ist so ähnlich wie mit unseren Dialekten: etwas Mexikanisch in der Sprache der Texaner, ein schwedischer Akzent in Minnesota, etwas Slawisches in Brooklyn und ein bißchen Irisch in Boston. Und das Ganze klingt so amerikanisch wie Coplands *Billy the Kid*, wo man auch ein wenig mexikanischen Akzent hört und ein bißchen Brooklyn-Akzent. Hört man sich eine Aufnahme davon an, erkennt man in der ersten Melodie die langsame melodische Cowboy-Sprache, in der zweiten, bei der Schießerei, die lärmenden Rhythmen und schließlich den «Honky-tonk»-Stil der alten Saloons im Wilden Westen. Und wenn man alle diese verschiedenen «Akzente» vernimmt, hat man das mächtige Gefühl, was es bedeutet, Amerikaner zu sein: ein Kind aller Länder dieser Erde.

Was ist Instrumentation?

Unter Instrumentation verstehen die verschiedenen Menschen sehr unterschiedliche Dinge. Wir wollen versuchen, ein wenig Klarheit darüber zu bekommen. Ihr werdet sehen, es ist eines der interessantesten Kapitel in der Musik.

In der Hauptsache versteht man unter Instrumentation die Sparte der Musik, in der sich ein Komponist damit befaßt, sein Werk so zu arrangieren, daß es von einem Orchester gespielt werden kann, und zwar «instrumentiert» er – je nachdem – für sieben, siebzehn, siebzig – oder hundertsieben (das ist der Umfang eines großen modernen Symphonieorchesters) Orchestermusiker.

Natürlich instrumentiert der Komponist nicht immer selbst. In den meisten Broadwaystücken ist der Komponist derjenige, der die Songs schreibt, Cole Porter etwa oder Irving Berlin; dann kommt jemand dazu, von dem ihr vielleicht noch nie gehört habt, und arrangiert diese Melodien für das Orchester. Das ist ein sogenannter «Arrangeur», doch mit ihm haben wir in diesem Buch nichts zu tun.

Wir wollen nur von der Instrumentation sprechen, die vom Komponisten selbst vorgenommen wird. Natürlich besorgen Komponisten von Konzertmusik ihre Instrumentation fast immer selbst, denn sie ist wirklich ein *Teil* des Komponierens, und zwar ein sehr wichtiger.

Nehmen wir ein Werk des Russen Rimsky-Korssakow, den man einen wahren Meister der Instrumentation nennt; er hat das berühmteste Buch darüber geschrieben, und vielen anderen Komponisten gilt er seitdem als Vorbild. Fast jedes seiner Stücke ist ein Beispiel dafür, wie man dem Orchester durch viele verschiedene Kombinationen einen brillanten Klang verleihen kann. Nie jedoch darf die Klarheit der Musik durch eine Instrumentation beeinträchtigt werden, allein um des reizvollen Klanges willen. Das ist nicht so leicht, wie es scheinen mag.

Schauen wir uns eine Seite aus seinem *Capriccio Espagnole* an:

Mit großem Schwung

Diese ganze Seite voll Noten enthält nur vier Takte Musik. Aber wir können im einzelnen sehen, was jedes der Instrumente im Orchester während dieser vier kleinen Takte tut.

56

Wie kam Rimsky-Korssakow zu dieser Seite? Die Musik selbst, wie er sie in seinem Kopf hörte, lebt von vier verschiedenen Einfällen. Als erstes die Hauptmelodie:

dann eine andere kleine Melodie, die mitgeht,

dann der spanische Rhythmus in der Begleitung:

und zum Schluß wieder ein spanischer Rhythmus in der Begleitung:

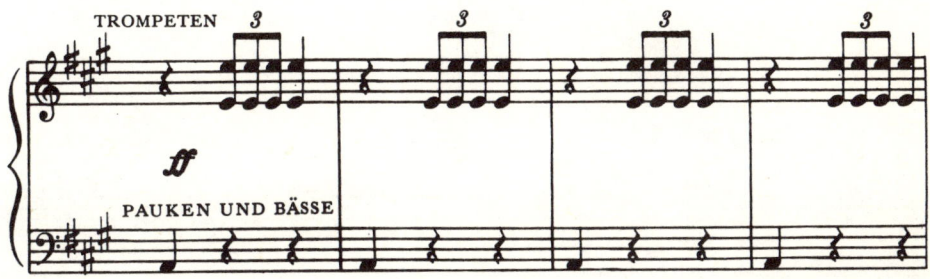

Jetzt stellte sich ihm die Aufgabe, all das so aufzuschreiben, daß ein Symphonieorchester von ungefährt hundert Musikern diese vier Einfälle, miteinander verbunden, klar, übersichtlich und interessant spielen konnte. Er teilte seine vier Ideen in folgender Weise für das Orchester ein:

Die Hauptmelodie für die Posaunen:

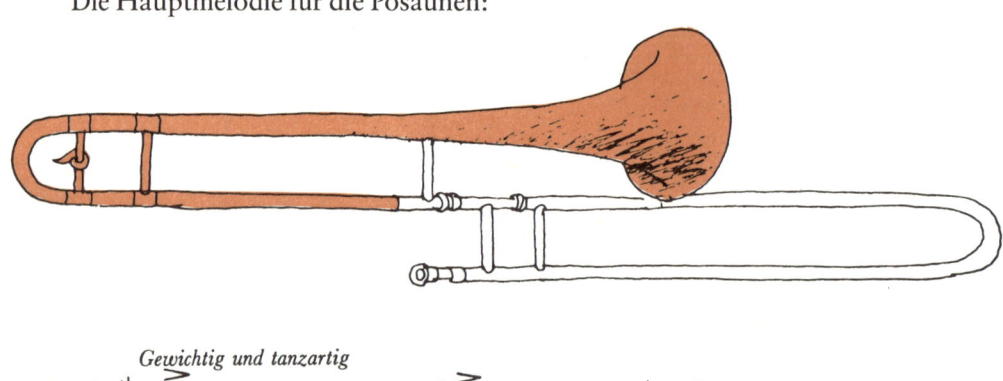

die begleitende kleine Melodie wird von den Geigen gespielt:

Den ersten spanischen Rhythmus teilte er zwischen den Holzbläsern und den
Hörnern:

Den zweiten spanischen Rhythmus spielen die Pauken, zusammen mit den Baß-instrumenten, und die Trompeten:

Schließlich nahm er alle Schlaginstrumente hinzu, um den spanischen Tanzrhythmus zu unterstreichen:

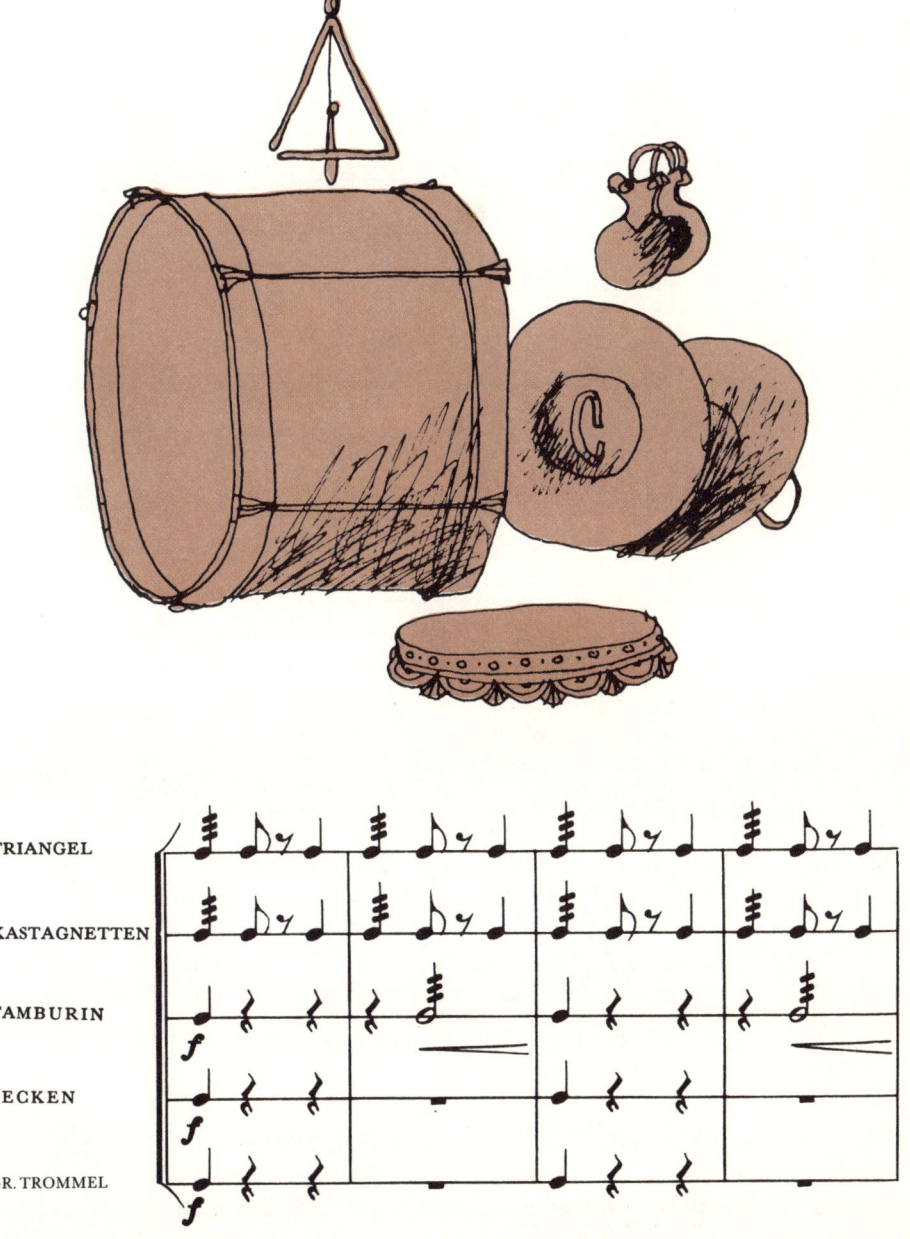

Zusammen sehen die vier Takte für den Dirigenten jetzt so aus:

Und das klingt wirklich gut (wenn es gespielt wird). Rimsky-Korssakow nahm die nackten Noten, wie er sie im Kopf hatte, und versah sie mit dem richtigen Gewand. Aber zum Instrumentieren genügt es nicht, die Musik «einzukleiden».

Jedes bestimmte Musikstück brauchte die *richtige* Instrumentation wie ein passendes Kleid oder einen passenden Anzug. Schlechte Instrumentierung wäre ähnlich, als würde man zum Schwimmen einen Pullover anziehen.

Denkt also daran, daß gute Instrumentierung genau zu der jeweiligen Musik passen muß und daß diese erst durch die Instrumentierung in ihrer klarsten und wirkungsvollsten Weise gehört werden kann.

Natürlich ist das recht schwierig. Bedenkt einmal, was ein Komponist alles wissen muß, bevor er ein Stück, das er geschrieben hat, orchestrieren kann. Zunächst muß er verstehen, jedes Instrument einzeln zu handhaben – er muß wissen, wozu es sich eignet und wozu nicht, welches seine tiefsten und höchsten Töne sind, welche davon gut und welche nicht so gut klingen, und er muß all die verschiedenen Klänge eines Instruments kennen, die es hervorbringen kann. Dann muß er wissen, wie er die einzelnen Instrumente zusammen behandeln, wie er sie vermischen und ausbalancieren kann. Er muß darauf achten, daß ein starkes und lautes Instrument wie die Posaune ein so schwaches und leises wie die Flöte nicht übertönt; oder daß die Schlagzeuge nicht die Geigen unhörbar machen. Wenn er etwa Musik für ein Theater- oder Opernorchester schreibt, dann muß er darauf achten, daß die Stimmen der Sänger durch seine Instrumente nicht erstickt werden.

Er muß Sorge tragen, die Instrumente so miteinander zu mischen, daß kein unklarer Klang entsteht – und es gibt noch eine Menge anderer Probleme. Das größte davon aber ist die Auswahl der Instrumente. Stellt euch vor, ihr hättet ein Stück geschrieben, müßtet es jetzt orchestrieren – mit Instrumenten aller Art – und entscheiden, welche Instrumente ihr wann einsetzen wollt!

Ihr seht, wie schwierig es für einen Komponisten ist, sich zwischen diesen vielen Instrumenten zu entscheiden; und dann erst die hundert und aberhundert Möglichkeiten der *Kombinationen* unter ihnen! Es gibt ein berühmtes Flötensolo am Anfang von Debussys Stück *L'Après-midi d'un faune*. Warum entschloß sich Debussy für die Flöte – warum wollte er ausgerechnet mit der Flöte beginnen? Er wußte genau, was er wollte, denn seine Musik verlangte nach der Flöte mit ihrem lieblichen, matten und zarten Klang. Hätte er für diese Melodie die Trompete genommen, würde es völlig anders geklungen haben – zu hell und mächtig, nicht so empfindsam und der Stimmung an einem Nachmittag entsprechend. Mit der Trompete hätte er seinem Stück das falsche Gewand gegeben.

Gershwins *Rhapsody in Blue* beginnt mit einer eigenartig schleifenden Klage der Klarinetten; stellt euch statt dessen zum Beispiel die Bratsche vor. Es klänge recht einfältig. Der ganze Jazzklang wäre dahin. Ein *Brandenburgisches Konzert* für Geigen anstatt von Geigen von Blechbläsern gespielt, würde vielleicht gar

ES-KLARINETTE

BASSKLARINETTE

SAXOPHON

nicht so schlecht klingen – aber es wäre offensichtlich nicht so, wie Bach es sich gedacht hat.

Die Wahl der Instrumente ist also ein wichtiger Teil des Komponierens, denn es sind ja schließlich diese Instrumente, die euch die Musik zu Gehör bringen. Es gibt so viele Möglichkeiten! Nur damit ihr eine Ahnung davon bekommt, versucht einmal, selbst etwas zu instrumentieren. Ihr erfindet eine eigene Melodie – sie darf so einfach und harmlos sein wie ihr wollt. Dann überlegt euch die Instrumente – ihr selbst dürft entscheiden! Versucht es zunächst mit einem einfachen Klang, weich und klagend wie von einer Orgel oder einer tiefen Klarinette. Klingt es gut? Vielleicht – vielleicht auch nicht. Möglich, daß ihr den Klang von Streichern

64

braucht, probiert es aus, indem ihr leise summt. Vielleicht muß der Streicherklang *laut* sein. Oder es paßt das Tick-Tick-Tick hoher Holzbläser, mit kurzen, scharfen Tönen. Versucht es. Oder ihr braucht schmetternde Trompeten oder säuselnde Flöten oder lautes, dröhnendes Brummen gestopfter Hörner. Oder ... es gibt so vieles. Vielleicht kommt ihr zum Ergebnis, daß keins dieser Instrumente allein die richtige Lösung gibt, daß ihr sie erst in der Verbindung von zwei oder mehreren dieser Klänge findet, etwa im Säuseln der Flöten mit dem Singen der Geigen.

Ihr könnt noch ein anderes Experiment machen, das sich am besten anstellen läßt, wenn ihr schon im Bett liegt und kurz vor dem Einschlafen seid. Versucht – in eurer Phantasie – ein Stückchen Musik zu hören, irgendeinen Klang; dann überlegt euch, an welche Farbe ihr dabei denken müßt. Klänge scheinen Farben zu

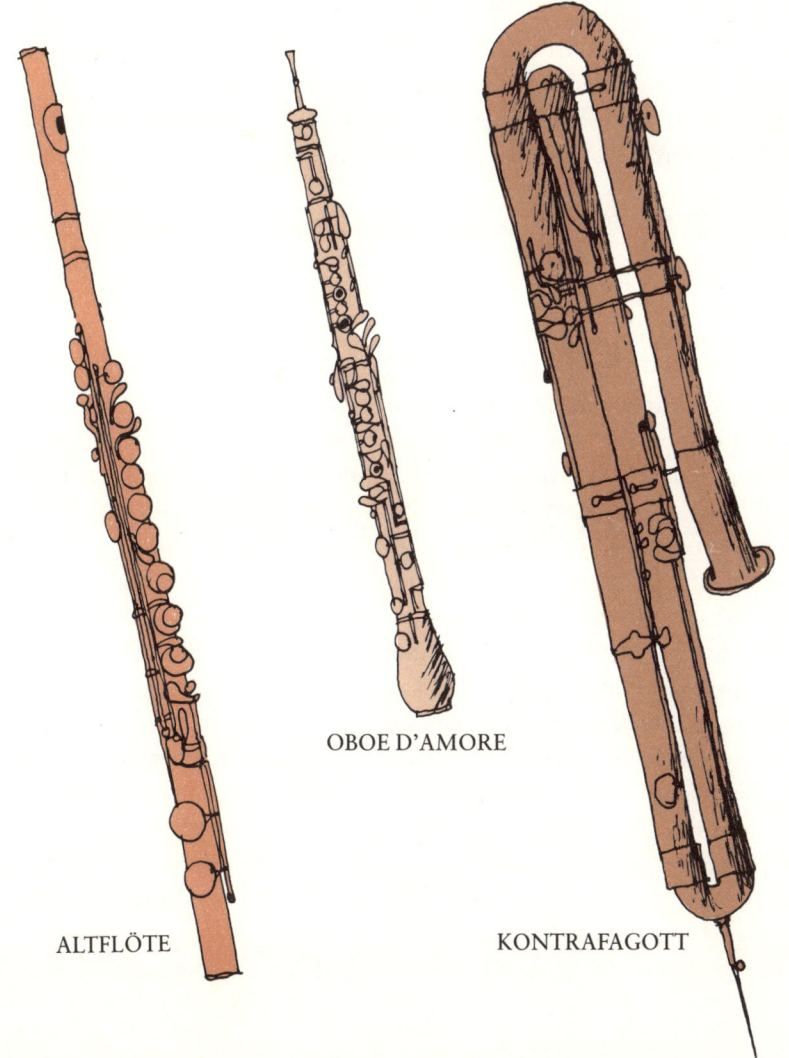

OBOE D'AMORE

ALTFLÖTE   KONTRAFAGOTT

haben – wenigstens glauben viele Leute daran. Wenn man singt u-u-uh, so scheint mir die Farbe bläulich zu sein. Aber wenn man summt, ist die Farbe tiefer und wärmer, ein dunkles Rot etwa – so scheint es mir wenigstens, singe ich aber taratataa, so habe ich die Vorstellung von einer feurigen Orange. Ich kann die Farben im Geiste tatsächlich *sehen*. Könnt ihr es auch? Viele Leute sehen Farben, wenn sie Musik hören; diese Farben sind auch ein Teil der Instrumentation.

Die unzähligen Farben, unter denen der Komponist wählen kann, geben ihm wirklich etwas aufzulösen. Wie geht er dabei vor? Es gibt zwei Möglichkeiten: Er kann für Instrumente schreiben, die alle zur gleichen Familie gehören. Das würde dann ein Stück geben, nur für Streicher oder nur für Holzbläser. Oder er mischt die Instrumente, indem er Angehörige verschiedener Familien, etwa Celli und Oboen, miteinander verbindet. Damit würde seine Musik zu einem normalen Symphonieorchester passen.

Die erste Möglichkeit ist behaglicher, wie ein Treffen von Verwandten, die zweite gleicht eher einer Zusammenkunft von Freunden.

Was verstehen wir unter «Familien»? Sicher habt ihr dieses Wort immer wieder gehört, wenn ein Orchester beschrieben wird, besonders in Konzerten für Kinder. Etwa die Familie der Holzbläser mit Mutter Klarinette, Großvater Fagott, der kleinen Schwester Piccolo und der großen Schwester Flöte, Onkel Englischhorn und Tante Oboe und wie sie alle heißen mögen. Nun, abgesehen von diesem Kindergeschwätz stimmt es, daß alle Holzbläser eine Art Familie bilden. Sie sind miteinander verwandt, denn sie werden alle gespielt, indem man Luft in sie hineinbläst, und sie sind alle – wenigstens fast alle – aus Holz. Deswegen heißen sie Holzblasinstrumente. Die Musiker, die sie spielen, sitzen alle nahe beieinander auf dem Konzertpodium und benehmen sich wie eine Familie. Alle möglichen Verwandten haben sie – verschiedene Arten von Klarinetten, wie etwa die kleine Es-Klarinette oder die Baß-Klarinette. Außerdem Saxophone, die Altflöte, die Oboe d'amore und das Kontrafagott.

Eine lange Liste. Es gibt sogar eine Gruppe von Verwandten *zweiten* Grades, die Hörner, die aus Blech gemacht sind und deswegen eigentlich zur Familie der Blechbläser gehören. Aber sie klingen so gut zusammen, sowohl mit den Holzbläsern als auch mit den Blechbläsern, daß sie mit beiden Familien verwandt sind – ähnlich wie Menschen, die verschwägert sind.

Nachdem wir jetzt die große Familie der Holzblasinstrumente kennengelernt haben, wollen wir sehen, wie man sie bei der Instrumentation verwenden kann. Sobald ein Instrument zu spielen beginnt – auch wenn es nur allein spielt –, taucht schon die Frage der Instrumentation auf. Kennt ihr die Melodie in Prokofieffs *Peter und der Wolf*, mit der die Katze beschrieben wird – diese lustige Melodie der Klarinette?

Elegant

p *etc.*

Das ist ein Musterbeispiel für gelungene Instrumentation, denn kein anderes unter den vielen Holzblasinstrumenten kann so gut eine Katze nachmachen. Es klingt so geschmeidig und dunkel – eben katzenartig. Deswegen entschied sich Prokofieff für die Klarinette und traf damit genau das Richtige. Im gleichen Stück ließ er auch eine Oboe spielen, um uns die Ente vorzustellen. Welches Instrument könnte das Quaken der Ente besser nachahmen als die Oboe, wenn sie dies spielt?

Langsam und ausdrucksvoll

mf *etc.*

Noch interessanter wird es, wenn wir verschiedene Mitglieder der Familie in Gruppen einteilen. Es gibt zum Beispiel Quintette für Holzbläser, also für fünf Instrumente, die wie *eine* Familie klingen. Sie passen auf natürliche Weise zusammen, und obwohl sie verschieden im Klang oder in den Farben sind, gleichen sie einander genug, um eine richtige Verbindung einzugehen.

Ein gutes Beispiel dafür ist Hindemiths *Kleine Kammermusik* für Holzbläserquintett. Es gibt aber noch größere Vereinigungen, etwa Mozarts *Serenade für dreizehn Blasinstrumente*. Was für eine köstliche Klangverbindung! Die Familie kann so groß werden, daß es eher wie ein Orchester klingt denn wie eine Kammermusik. Aber es ist dennoch ein «Familienorchester» – alle Mitglieder sind Holzbläser. Der bedeutende moderne Komponist Strawinskij hat sogar eine Symphonie für ein ganzes Orchester von Bläsern geschrieben.

Wir verlassen jetzt die Familie der Holzbläser und gehen zu einer anderen über, der riesigen Familie der Streicher; überlegen wir, was man mit ihnen anfangen kann. Wir benutzen nur vier Arten von Streichinstrumenten: die Geigen, die ihr natürlich leicht erkennt; die Bratschen, die wie Geigen aussehen, aber ein bißchen größer sind und tiefer klingen; die Celli, noch größer und noch tiefer klingend, und schließlich die Kontrabässe, die am größten sind und die tiefsten Töne spielen können.

Es geht wieder um das gleiche. Auch wenn nur eine Geige allein spielt, muß der Komponist sich die Instrumentierung überlegen.

Instrumentation für einen Spieler mag euch vielleicht nicht notwendig erscheinen, aber es ist Instrumentation im kleinen. Denn auch bei nur einem Instrument hat der Komponist die Qual der Wahl. Zunächst muß er sich für die Geige selbst entscheiden, anstatt irgendeine Anzahl anderer Instrumente zu wählen für die Musik, die ihm vorschwebt. Dann muß er vielleicht eine andere Auswahl treffen, zum Beispiel, welches der vier Streichinstrumente spielen soll, wie sich der Bogen bewegen soll, ob als «Aufstrich» oder als «Abstrich». Soll der Bogen auf den Saiten springen (was Musiker *spiccato* nennen), ruhig über sie streichen *(legato)* oder gar nicht benutzt werden (in diesem Fall werden die Saiten mit den Fingern gezupft, man nennt das *pizzicato*); außerdem muß er überlegen, ob mehr als eine Note gleichzeitig gespielt werden soll (indem man auf zwei Saiten zur gleichen Zeit spielt, was man *Doppelgriff* nennt); und noch vieles andere gibt es zu entscheiden.

Das alles mag vielleicht unwichtig klingen, aber für die Instrumentation ist es doch ungeheuer wichtig. Wenn zum Beispiel ein Geiger eine Melodie auf der D-Saite spielt, klingt es verschleiert und zart; aber wenn er dieselben Noten auf der G-Saite spielt, klingt es völlig anders; dichter und glanzvoller.

Diese Wahl muß man nicht nur für die Geigen, sondern auch für die anderen Streichinstrumente treffen, und wenn mehrere dieser Instrumente sich zu einer Familiengruppe vereinen – etwa in einem Streichquartett –, steigen die Möglichkeiten ins Unvorstellbare. Ein normales Streichquartett besteht aus zwei Geigen,

einer Bratsche und einem Cello; ein Meister wie Beethoven kann für diese vier Stimmen eine Instrumentation erfinden, die eine erstaunliche Anzahl von Klangfarben möglich macht.

Die großen Komponisten waren immer auf der Suche nach neuen, charakteristischen Klangmöglichkeiten, und deshalb komponierten sie für die verschiedensten Streichergruppen. Jede Gruppe hat ihre besondere Art der Zusammensetzung. Wenn man etwa einem Quartett noch ein Cello hinzufügt, wie Schubert in seinem *C-Dur-Quintett*, wird ein neuer Klangreichtum geschaffen. Warum nahm er gerade ein Cello und nicht eine Bratsche, eine weitere Geige oder einen Kontrabaß? Weil er wußte, daß *nur* das Cello ihm für dieses Stück die richtige Tönung geben konnte. Das ist gute Instrumentierung.

Neben Quartetten und Quintetten gibt es auch Sextette und Oktette, und Richard Strauss schrieb sogar ein Stück für dreiundzwanzig Streicher, das er *Metamorphosen* nannte. So gelangen wir schließlich zu einem ganzen Streichorchester mit all den Streichern, die man gewöhnlich auf dem Konzertpodium sieht. Die Vielfalt der Klänge, die ein reines Streichorchester erzeugen kann, ist absolut erstaunlich. Der britische Komponist Vaugham Williams erzielt unerhörten Klangreichtum und Mannigfaltigkeit, indem er das Streichorchester in zwei Halborchester teilt, wobei zwei Gruppen zusammen und gegeneinander spielen und die Klangfarben ändern wie Chamäleons. Wenn ihr Gelegenheit habt, hört euch das schöne Stück *Fantasia on a Theme by Tallis* an.

Es gibt auch eine vollkommen andere Art, ein Streichorchester zu verwenden – eine rauhere und robustere Art. Die *Symphony for Strings* (Nr. 5) von William Schuman ist ein Beispiel dafür. So vital wie Schuman immer schrieb, mit amerikanischem Schwung und straffer Energie – und alles nur mit Streichern.

Jetzt haben wir die Holzbläser- und Streicherfamilie kennengelernt, und nun wollen wir uns zwei anderen Gruppen der Orchestergemeinschaft zuwenden – den Blechbläsern und dem Schlagzeug. Die Blechbläsergruppe ist im Vergleich zu den Streichern nicht sehr groß, aber wie stark macht sie sich bemerkbar!

Zu den Mitgliedern dieser Familie gehören
die Trompeten:

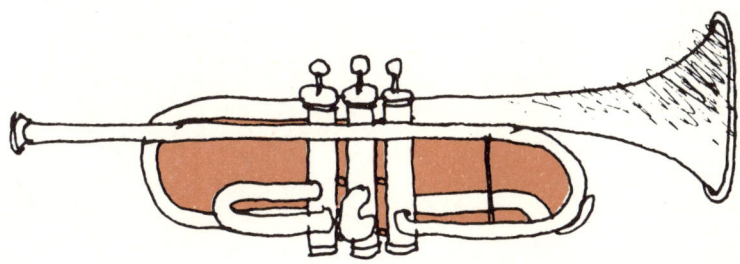

die Posaunen:

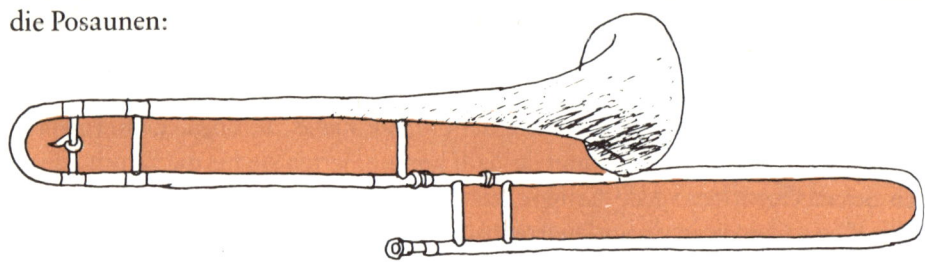

die Tuba:

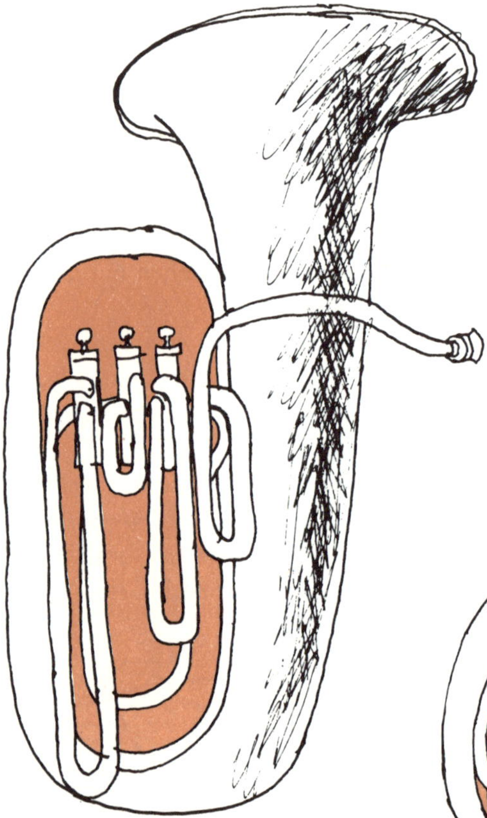

und natürlich diese weit entfernten
Vettern (oder waren es die Schwie-
gereltern?), die Hörner:

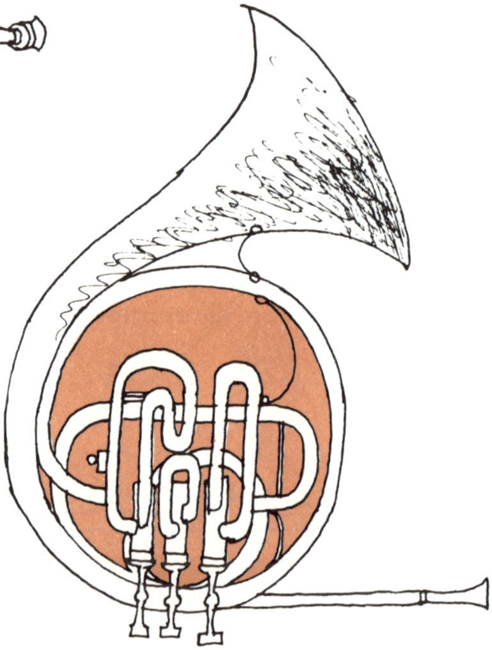

Ihr werdet erstaunt sein, wieviele verschiedene Klangfarben man aus diesen «Metallbombern» herausholen kann; ihr Klang braucht gar nicht immer nur laut und blechern zu sein. Es gibt zum Beispiel Musik für Blechbläser von einem altitalienischen Komponisten namens Gabrieli, die klingt, als ob ein Echo von den Wänden einer Höhle widerhalle. Es kann auch wie Orgelmusik tönen, zum Beispiel im Choralteil von Brahms' *Erster Symphonie*. Natürlich kann es auch so klingen, wie wir es gewohnt sind von Militärparaden oder von Stan Kentons Band.

Die Schlagzeugfamilie, die Nachbarn der Blechbläser, ist überwältigend groß; es würde eine Woche dauern, um alle Schlagzeuginstrumente aufzuzählen, aber

das liegt bloß daran, daß man fast jeden Gegenstand als Schlaginstrument verwenden kann: eine Bratpfanne, einen Baseballschläger, eine Kuhglocke, eine Dampfpfeife – alles, was Lärm macht. Das Haupt dieser Familie ist natürlich die Pauke, und sie ist umgeben von allen möglichen Trommeln, Klappern und Schellen.

Aber auch sie bilden eine Familie, und es gibt sogar Stücke, die für sie allein instrumentiert sind! (Der mexikanische Komponist Carlos Chávez schrieb eine Komposition in der klassischen Form der Toccata nur für Schlagzeug.)

Damit kommen wir zum schwierigsten Teil: zur Instrumentation für ein sogenanntes Symphonieorchester. Hier geht der Familiengeist in ein freundschaftlich-geselliges Verhältnis über, und die Mitglieder der einzelnen Familien beginnen sich untereinanderzumischen. Bei der kleinsten Kombination beginnend – bei zwei Wesen, die sich scheu zusammenfinden, um zu sehen, wie sie miteinander auskommen –, sehen wir bereits den Kernpunkt. Es gibt zum Beispiel Sonaten für Flöte und Klavier – zwei Instrumente aus ganz verschiedenen Familien. Aber sie kommen recht gut miteinander aus. Das gleiche gilt von Sonaten für Bratsche und Klavier, Cello und Klavier oder Flöte und Cembalo. Diese Verbindungen erzeugen einen neuen Klang, eine neue Mischung. Die reinen Familienbindungen sind zerrissen, und eine neue musikalische Farbenkombination entsteht.

Dieser gesellige Geist kann erweitert werden auf, sagen wir, sieben Instrumente, wie in Ravels *Introduction et Allegro*, wo Harfe, Flöte, Klarinette und ein Streichquartett zusammenspielen. Es gibt aber noch eine ungewöhnlichere Verbindung von sieben Instrumenten, in Strawinskijs *Geschichte vom Soldaten*, da sind es: eine Solovioline, eine Klarinette, ein Fagott, eine Trompete, eine Posaune, ein Kontrabaß und Schlagzeug (ein Mann, der dreizehn verschiedene Instrumente bedient!). Hiermit beginnt bereits eine richtige Orchesterbesetzung, zwei Holzbläser, zwei Blechbläser und ein Schlagzeuger. Das gibt einen wunderbaren Klang, und es ist auch ein großes Meisterwerk, das ihr bald einmal hören solltet.

Und so wachsen wir nach und nach zum richtigen Symphonieorchester an, wie wir es alle kennen. Aus sieben Spielern werden siebzehn, dann siebzig und schließlich hundertundsieben. Ihr könnt euch vorstellen, welche Aufgabe ein Komponist zu bewältigen hat, um aus all den vielen Möglichkeiten dieser Mischungen von Familien die richtige Kombination auszuwählen. Aber ein guter Komponist hat es immer im Gefühl, welche Wahl er treffen muß, denn wenn er ein guter Komponist ist, gibt seine Musik ihm ein, das Richtige zu finden: die richtige Musik von den richtigen Instrumenten zur rechten Zeit und in richtiger Zusammensetzung gespielt.

Es fiel mir schwer zu entscheiden, welches große Werk ich euch empfehlen sollte, das all dies veranschaulichen kann – eine Musik, die euch zeigt, was richtige

Instrumentation heißt. Es war mir klar, daß jede gute Musik das könnte – etwa eine Symphonie von Brahms oder Mozart, Berlioz, Tschaikowsky oder Strawinskij – und dann überlegte ich mir: Was können junge Menschen lernen, wenn sie eines dieser Werke hören? Ihr würdet schöne Instrumentation hören, aber ihr wüßtet nicht, *warum* sie schön ist; es würde viele Stunden dauern, vielleicht sogar Wochen, es euch in allen Einzelheiten zu erklären. Dann müßtet ihr noch lernen, Partituren zu lesen, und jedes Instrument studieren; es käme einem ganzen Kurs am Konservatorium gleich.

So habe ich nach langem Überlegen ein Werk ausgesucht, das vielleicht nicht das bedeutendste Beispiel einer Komposition ist, aber wahrscheinlich von allen Stücken, die je geschrieben wurden, das interessanteste Modell einer Instrumentation darstellt: den berühmten *Bólero* von Ravel.

Ich entschied mich für dieses Musikstück, weil es ein so wunderbar klares Beispiel dafür ist, wie ein großes Symphonieorchester verwendet werden kann. Und das ist in der Tat *alles* in diesem Stück; nur eine einzige lange Melodie, die unablässig wiederholt wird, wobei die Instrumentierung sich bei jeder Wiederholung ändert, allmählich reicher und lauter wird und dann in dem größten orchestralen Ausbruch endet, den man je gehört hat.

Aber während das Stück gespielt wird, habt ihr Gelegenheit, das Orchester in allen Einzelheiten zu hören, und wie in keinem anderen Werk erfahrt ihr alles über besondere Kombinationen. Der Bolero ist sehr einfach aufgebaut. Zunächst ist da der Bolero-Tanzrhythmus, der sich auf den kleinen Trommeln immer wiederholt und niemals verändert.

Über diesem Rhythmus, der nie aufhört, erklingt jetzt eine Melodie der Flöte:

Eine langsame, weiche, sich schlängelnde Melodie mit arabischem Einschlag, eine vornehme Art «Tingel-Tangel»-Musik. Diese Melodie gliedert sich in zwei Teile, nennen wir sie Teil A und Teil B. A, den soeben die Flöte gespielt hat, wird, ein wenig reicher und voller, von der Klarinette wiederholt. Jetzt folgt B, hoch hinaufgespielt vom Fagott.

Danach wird Teil B auf der kleinen Es-Klarinette wiederholt.

Das macht zusammen einen vollständigen Abschnitt, und das ist die ganze Musik, die in dem Stück vorkommt. Immer und immer wieder hört ihr zweimal Teil A, gefolgt von zweimal B, dann wieder zweimal A und so weiter, aber immer von verschiedenen Instrumenten oder Instrumentenkombinationen gespielt, bis das ganze Orchester sich entfaltet hat und verbraucht und völlig ermattet ist. Wenn das Stück zu Ende ist, habt ihr alle Arten köstlicher Klänge, Färbungen und Kombinationen gehört. Jedesmal, wenn sich die Instrumentierung ändert, nimmt sie an Umfang und Fülle zu, bis am Schluß alles in einem großen Getöse endet. Wir erleben eine aufregende Fahrt durch die Welt des Orchesters. Gute Reise, und genießt den Bolero!

Was ist symphonische Musik?

In den letzten Jahren habe ich herausgefunden, daß das Publikum der «Konzerte für junge Hörer» überall die besten Zuhörer sind; es gibt nichts, was junge Menschen nicht lernen wollen oder nicht verstehen können. Sie wollen wirklich Musik verstehen und nicht nur liebliche Märchen hören, die ihnen die Musik «leicht verständlich» machen. Das Echo dieser ernsthaften Einstellung hat mich gefreut und mir gezeigt, daß die jungen Leute Musik um ihrer selbst willen gern haben. In diesem Sinn habe ich mich entschlossen, heute ein Thema in Angriff zu nehmen, das vielleicht das schwierigste von allen ist: Wodurch wird Musik symphonisch?

Daß es ein schwieriges Thema ist, liegt daran, daß es immer als solches behandelt wird und darüber große, umständliche Worte gemacht werden. In Wirklichkeit ist dieses Gebiet gar nicht so kompliziert, und es ist das interessanteste Kapitel in der ganzen Musik.

Der Schlüssel dazu heißt *Entwicklung*. Ebenso wie im Leben ist auch in der Musik Entwicklung die Hauptsache; denn Entwicklung heißt Wechsel, Wachsen und Blühen, all das bedeutet das Leben selbst.

Was aber heißt Entwicklung in der Musik? Dasselbe wie im Leben. Ein gutes Musikstück hat seine eigene Lebenszeit zwischen Anfang und Ende. In dieser Periode wachsen und entwickeln sich alle Themen, Melodien, musikalischen Einfälle, so gering sie auch sein mögen, zu einem vollständigen Werk.

Wie kommt das? Wie geht diese Entwicklung vor sich?

Sie findet in drei Stufen statt, ähnlich wie bei einer dreistufigen Rakete, die in den Weltraum fliegt. Zunächst haben wir die einfache Geburt, die Blume, die sich aus einem kleinen Samen entwickelt.

Ihr kennt zum Beispiel die Saat, die Beethoven am Anfang seiner *Fünften Symphonie* auslegt:

Vier kleine Noten, und daraus wächst eine Blume:

Oder nehmen wir Sibelius, den berühmten finnischen Komponisten. Er beginnt seine *Fünfte Symphonie* mit einer anderen Saat aus vier Noten:

Und ehe ihr es recht gemerkt habt, steht eine große leuchtende Blume da:

Jetzt kommt die zweite Stufe: das Wachsen dieser Blume. Von Minute zu Minute wird sie größer. Beethovens Blume sieht ein wenig später so aus:

und die Sibelius-Blume wuchs zu diesem Gebilde heran:

Damit sind wir bei der dritten und wichtigsten Stufe: der Veränderung. Plötzlich ändert die Blume ihr Äußeres. Wir können es auch mit einem Obstbaum vergleichen, den wir im Winter zunächst kahl sehen, im Frühling übersät mit Blüten und bei dem dann im Sommer die Blüten abfallen und die Früchte zu wachsen beginnen. In den drei Jahreszeiten hat der Baum dreimal sein Aussehen verändert, aber es ist doch immer noch der gleiche Baum.

So geschieht es auch mit uns. Wir ändern uns von Jahr zu Jahr im Charakter, in unseren Zu- und Abneigungen, sogar in unserem Aussehen. Zum Beispiel als ich geboren wurde, war ich blond. Würdet ihr das glauben, wenn ihr mich jetzt seht? Und in zehn Jahren werde ich vielleicht ganz grau – oder kahl sein.

Das gleiche geschieht in der Musik:

Bei Beethoven ändert die Blume ihr Äußeres so oft und so gründlich, daß sie kaum noch zu erkennen ist, wie in diesem Beispiel:

Von dem ursprünglichen Thema scheint nichts übriggeblieben zu sein, außer dem Rhythmus dieser vier Noten, der immer wiederkehrt.

Die Blume von Sibelius sieht mit der Zeit so aus:

– wobei die Veränderung tatsächlich groß ist. Ihr seht, wie diese Themen (je nachdem, ob im Zustand der Saat oder der Knospe) leise und laut gespielt werden, in verschiedenen Tonarten und von verschiedenen Instrumenten; einmal hören wir sie doppelt so langsam, einmal doppelt so schnell auf jede denkbare Art – sie ändern sich ständig, aber sie sind doch immer Blüten am selben Stamm. Das alles gehört zur Entstehung eines Stücks, der realen Lebensgeschichte einer Symphonie.

Natürlich ist nicht jede Musik symphonisch, doch macht jede Musik auf ihre Art eine Entwicklung durch, sogar ein Volkslied oder ein einfacher Schlager. Aber diese Lieder entwickeln sich hauptsächlich durch Wiederholung, dadurch, daß dasselbe wieder und immer wieder gesagt wird. Es ist wie ein Streit. Ein *guter* Streiter wird seinen Standpunkt mit allen möglichen Argumenten vertreten.

Wir haben also festgestellt, daß die Wiederholung die einfachste Form der Entwicklung der Musik darstellt. Und der erste Schritt zur echten Entwicklung ist die Idee der Variation. Natürlich ist jede Variation eine Art Wiederholung, nur eben keine *genaue* Wiederholung. Etwas ändert sich.

Hier beginnt eine Entwicklung. Es ist eine Entwicklung, weil sich etwas verändert. Aber es ist immer noch nicht symphonisch. Schauen wir, wie Beethoven in seiner *Dritten Symphonie (Eroica)* dieses Prinzip anwendet; es ist derselbe Einfall, aber welch ein Unterschied! Im letzten Satz dieser Symphonie schreibt Beethoven eine Reihe von Variationen über ein Thema, das ganz mager und klein ist, es ist nicht einmal eine wirkliche Melodie.

Hier ist es:

Nun macht er eine Variation, indem er jeden dieser «mageren» Töne um eine Oktave höher setzt:

Das ist eine Variation. Hier die zweite, mit einer anderen und schnelleren Melodie, die den ursprünglichen Noten hinzugefügt wird:

Und hier ist noch eine, in der die neu hinzugefügte Melodie noch schneller gespielt wird. Aber die «mageren» Töne bleiben so wie sie sind:

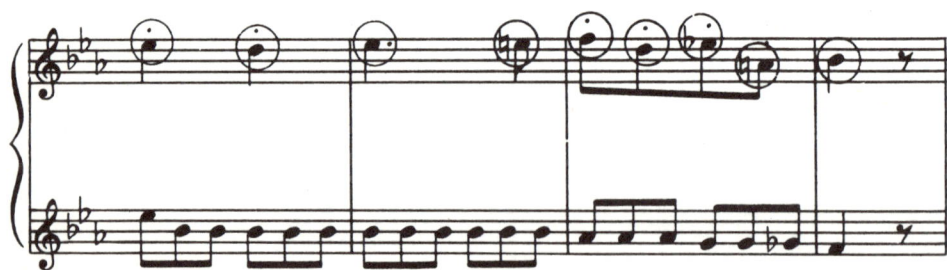

Ihr seht, daß die ursprünglichen Noten immer noch da sind, was sonst auch geschieht.

Hört jetzt die nächste Variation und achtet darauf, wie jene dünnen Noten im Baß auftauchen, während eine schöne neue Melodie über ihnen gespielt wird:

Ihr seht, welch weiten Weg wir seit den ersten «mageren» Noten gegangen sind.

Soviel zur Variation. Was haben wir jetzt gelernt? Daß jede Musik bis zu einem gewissen Grad auf Entwicklung angewiesen ist; je mehr sie sich entwickelt, desto symphonischer ist sie. Und daß die Grundlage jeder Entwicklung die Wiederholung ist, aber je weniger genau die Wiederholung ist, desto symphonischer ist auch sie. Wir müssen jetzt also herausfinden, wie Komponisten die Wiederholung in

einer nicht-exakten Weise benutzen, um ihre Themen zu großen symphonischen Werken zu entwickeln.

Die erste Möglichkeit ist, wie wir bereits gesehen haben – die Variation. Aber es gibt noch eine andere, genauso bekannte; ich möchte fast sagen, daß es kaum ein symphonisches Standardwerk gibt, in dem dieser Kunstgriff nicht angewendet wird – die *Sequenz*.

Es ist ein sehr einfacher Trick, wirklich. Alles, was eine Sequenz macht, ist, eine Reihe von Noten in einer anderen Lage zu wiederholen. Eine Sequenz kann man mehr oder weniger aus allem machen.

Schauen wir uns einige Beispiele von Sequenzen in der symphonischen Musik an. Hier ist eines der berühmtesten – aus Tschaikowskys *Romeo und Julia;* seht nur den Aufbau dieser Liebesmusik:

Erkennt ihr hier die Sequenzen, die so lange Kräfte aufbauen, bis die Musik explodiert wie Dynamit?

Ihr seht, mit Sequenzen kann man auf sehr einfache Art Musik entwickeln. Es ist eine aufsteigende Form der Wiederholung, die beinahe immer für Spannung bürgt. Hört, wie Gershwin in seiner *Rhapsody in Blue* mit den Sequenzen umgeht. Erinnert ihr euch an dieses Thema daraus?

84

Nun, hier seht ihr, wie er es mittels Sequenzen entwickelt:

Aber damit genug von Sequenzen. Es gibt noch eine andere, viel wichtigere Art, die Wiederholung für die Entwicklung zu verwenden, das ist die sogenannte *Imitation* – die Imitation einer Orchesterstimme durch eine andere.

Warum ist nun die Imitation anders als alle anderen Arten der Wiederholung? Ist sie es nur deshalb, weil eine Phrase zuerst von einer Oboe gespielt, dann von den Geigen nachgeahmt wird, oder umgekehrt? O nein. Das Interessante der Imitation ist dies: Wenn die zweite Stimme einsetzt und die erste imitiert, spielt die erste Stimme etwas anderes weiter, so daß plötzlich zwei Melodien zugleich zu hören sind; ihr werdet euch an das Bachsche Baukastenbeispiel erinnern. Hier geht es um die wichtige musikalische Einrichtung, die man *Kontrapunkt* nennt – mehr als eine Melodie zu gleicher Zeit. Auch ihr singt «kontrapunktisch», so oft ihr einen Kanon wie «Frère Jacques» oder «Auf ihr Kinder» singt. Ich hätte aber gern, daß ihr bei diesen Kanons an Imitation denkt, denn dann werdet ihr sofort verstehen, daß sich die symphonische Musik in der gleichen Weise entwickelt.

Nun stellt euch vor, eure Schwester fängt an zu singen «Auf Ihr Kinder...», und wenn sie zu den Worten kommt «...auf und singt...», beginnt der Vater mit der Melodie aus dem ersten Teil. Singt sie «...bis es immer besser, immer...», singt der Vater «...auf und singt...», und euer Bruder fängt den Kanon von vorne an mit «Auf ihr Kinder...». Nun singt die Schwester «...besser...», und jetzt möchte die Mutter auch noch mitsingen und beginnt «Auf ihr Kinder...», während der Vater «...bis es immer besser, immer...», und der Bruder singt «...auf und singt...». Jetzt singt die Schwester «klingt» und wartet dann, bis die

Mutter «auf und singt» anfängt, dann beginnt sie den Kanon zum zweitenmal. Hier habt ihr eine echte Imitation.

KANON ZU VIER STIMMEN

Auf ihr Kin-der auf und singt, bis es im-mer bes-ser im-mer bes-ser klingt.

Das, worüber wir eben gesprochen haben, nennt man musikalisch ausgedrückt einen Kanon. Und ein Kanon kann, je mehr Stimmen das Thema wiederholen, sehr vielfältig und kompliziert werden. Und er wird natürlich noch komplizierter, wenn er zu einer Fuge wird, wie wir sie beim Bachschen «Baukasten» kennengelernt haben.

Alles, was wir wissen müssen, ist, daß in einer Entwicklung, die von Kanons und Fugen Gebrauch macht, die größten Veränderungen, die es gibt, mit den Themen vor sich gehen können. So kann zum Beispiel das Thema doppelt so langsam oder doppelt so schnell werden, und es kann auch ein «Krebskanon» oder ein Kanon in «Spiegelform» daraus entstehen, das heißt, das Thema erscheint von rückwärts nach vorn oder auf den Kopf gestellt. Das alles sind Möglichkeiten, Imitation und Kontrapunkt zu benutzen, um die Form der Musik zu verändern und ihr damit ständig neues Leben zu verleihen. Als würde man das musikalische Material aus allen Blickwinkeln betrachten, bis man alles, was es gibt, darüber weiß. Dann erst kann man sagen, ich habe dieses Material «entwickelt» gesehen.

All diese Möglichkeiten, die wir besprochen haben, sind Arten des Aufbaus – das Entwickeln von Themen durch Hinzufügen von Stimmen, von Sequenzen, von Variationen oder Verzierungen. Es gibt aber auch eine Art der Entwicklung die aufbaut, indem sie «auflöst» – klingt das nicht merkwürdig? Aber das gibt es, und es ist eine sehr gute Methode. Sie war bei Beethoven und auch Tschaikowsky sehr beliebt. Dieser entwickelt zum Beispiel in seiner *Vierten Symphonie* folgende Phrase:

Wie bei ihm üblich, behandelt er die Phrase zuerst mit Sequenzen:

Jetzt aber erhöht er die Spannung, indem er anstatt etwas hinzuzufügen, die Phrase in die Hälfte teilt und bloß noch die zweite Hälfte davon verwendet, und zwar wieder in Sequenzen:

Dann teilt er das nochmals in zwei Teile, entwickelt wieder nur die zweite Hälfte, die er jetzt auf nur noch vier Noten verkleinert, aber immer noch in Sequenzen:

Aber jetzt teilt sich das noch einmal wie eine Amöbe, und die Sequenz wird bloß noch aus zwei Noten gebildet:

Schließlich ist die Phrase in so winzige Fragmente aufgelöst, daß eine Wirkung wie von Staub oder Asche oder herumjagenden Skalen übrigbleibt.

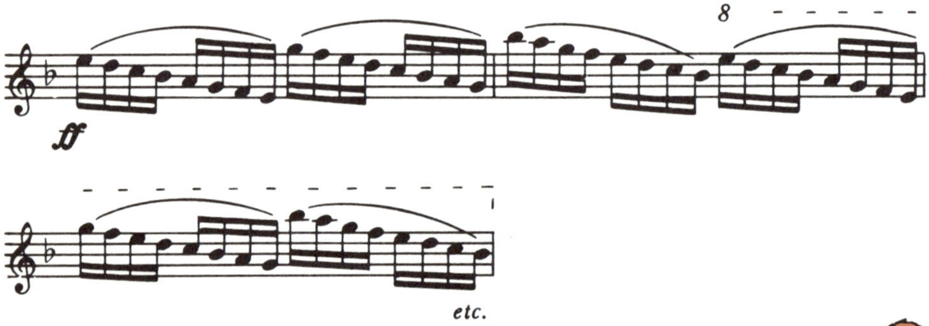

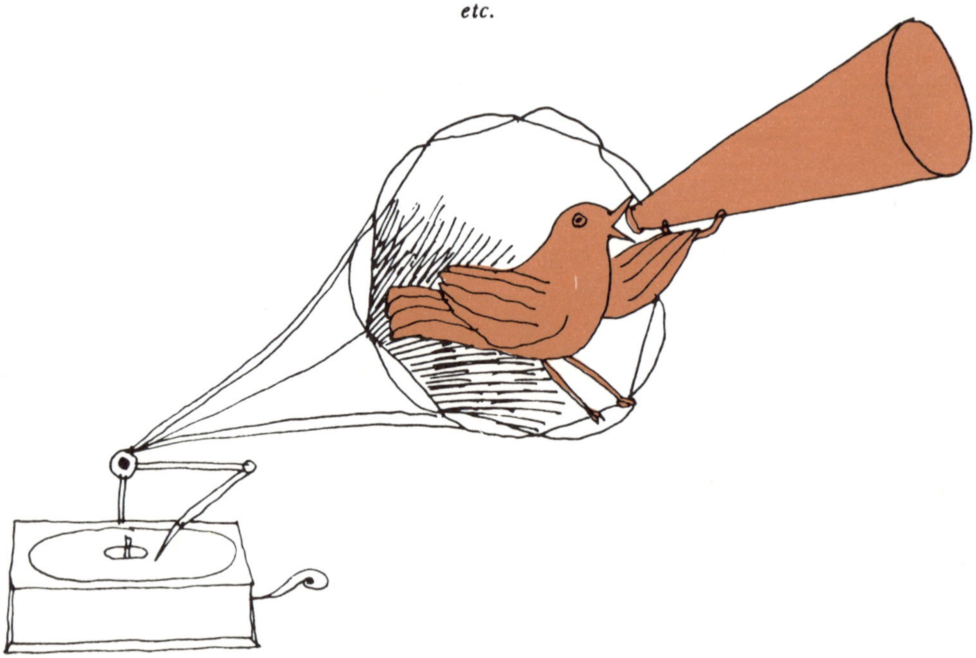

Welch erregende Besessenheit ruft Tschaikowsky mit diesem «Aufbau» durch «Auflösung» hervor! So seltsam es klingt – es wird Musik geschaffen, indem sie zerstört wird.

Wir haben nun genug Möglichkeiten gesehen, wie Musik wachsen, sich verändern und zum Blühen gebracht werden kann, so daß wir jetzt so weit sind, den ganzen Satz einer Symphonie zu betrachten und sehen zu können, wie sich Teil um Teil entwickelt. Wenn wir dann einiges davon analysiert haben, werdet ihr, glaube ich, fähig sein, den Satz auf eine völlig neue Weise zu hören – nicht nur als ein Bündel von Melodien oder als schöne Klänge eines großen Orchesters, sondern als einen Wachstumsprozeß, und darauf kommt es ganz besonders an, daß man imstande ist, dies in jedem Musikstück zu hören. Dann, aber erst nachdem ihr die nächsten Seiten dieses Buches gelesen habt, sollt ihr euch diese Symphonie einmal anhören.

Das Werk, das wir jetzt unter die Lupe nehmen wollen, ist der letzte Satz aus der *Zweiten Symphonie* von Brahms, brillante, fröhliche, erfreuliche Musik. Ihr Reiz liegt in der Art, wie sie sich entwickelt. Der Satz beginnt gleich mit dem Hauptthema, einer langen, lyrischen Melodie:

In dieser sanft flüsternden Melodie gibt es bestimmte Elemente, die in vielen Abwandlungen immer wieder auftauchen werden: das Eröffnungsmotiv –

das in Wirklichkeit aus zwei verschiedenen Elementen besteht; aus diesem:

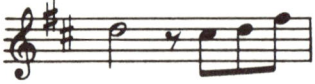

und aus diesem:

Dann folgt diese Phrase, die aus absteigenden Quarten besteht:

Einige Takte später jedoch tauchen dieselben Quarten in einem anderen Rhythmus wieder auf:

Ihr seht, wie die Entwicklung bereits begonnen hat, sogar während die Melodie noch zum erstenmal gespielt wird. Diese Quarten:

haben sich verschoben, und zwar so:

– und damit ist bereits eine bedeutende rhythmische Veränderung eingetreten, ein Wachstum, eine Entwicklung. Diese Figur, die eben von den Streichern gespielt wurde, wird dann sofort von den Holzbläsern wiederholt. Damit hat eine weitere Entwicklung – nämlich die der instrumentalen Färbung – stattgefunden.

Die nächste Veränderung nennen wir eine dynamische Veränderung – einen Wechsel der Lautstärke. Dieselbe Melodie wird jetzt um vieles lauter wiederholt. Ein einfacher Wechsel vom Flüstern zum Schreien, aber auch das ist eine Entwicklung.

Die nächste Veränderung ist eine sogenannte *Vergrößerung*, was lediglich ein Hauptwort für unseren wohlbekannten Begriff «doppelt so langsam» ist. Es bedeutet bloß, daß die Noten unserer Melodie weiter auseinandergebreitet werden, so daß sie mehr Raum brauchen; und das ist eine hervorragende Art, eine Melodie zu entwickeln. Das tut Brahms hier. Er nimmt die Quarten, über die wir vorher gesprochen haben:

und zieht sie auf diese Weise auseinander:

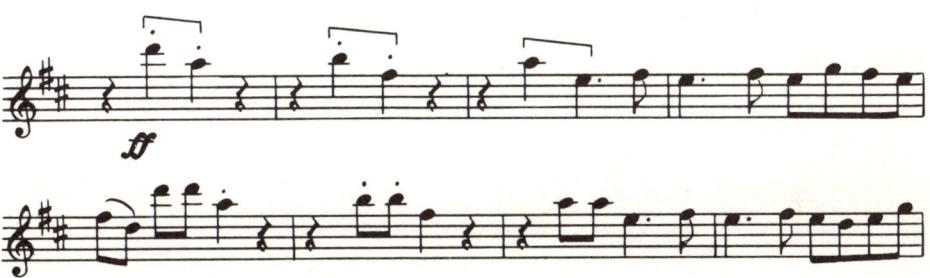

Seht ihr, wie diese ausführlichere Art, genau dasselbe zu sagen, tatsächlich die Form der Melodie verändert? Es ist ein gründlicher Rhythmuswechsel. Jetzt kommt Bewegung in die Sache.

Genau an dieser Stelle benutzt Brahms die gute, stets griffbereite Sequenz. Und diese Sequenzen sind aus dem allerletzten Takt gebildet, von dem wir soeben gesprochen haben.

Hier wird ihre Macht noch entfaltet:

Und nun geschieht hier etwas Erstaunliches: Auf dem Höhepunkt dieser aufsteigenden Sequenz entwickelt Brahms nicht nur die Noten der Sequenz, sondern – gleichzeitig – jene erste Figur, ganz vom Anfang des Stücks:

Er tut dies, indem er die Noten zusammenquetscht wie ein Akkordeon, so daß sie weniger Raum brauchen anstatt mehr – genau das Gegenteil von dem, was er vorher tat, als er sie auseinanderbreitete:

Dieses Zusammendrängen oder Kleinermachen der Noten nennt man *Verkleinerung*, das Gegenteil also von Vergrößerung; diese beiden Worte dürft ihr aber sofort wieder vergessen. Es ist mir gleichgültig, ob ihr euch je wieder an Worte wie Vergrößerung oder Verkleinerung oder irgendwelche anderen Worte dieser Art

erinnert, solange ihr an den musikalischen Zweck denkt, den sie ausdrücken – das Größer- und das Kleinermachen – was für die «Entwicklung» von Musik so notwendig ist.

Nun haben wir schon eine Menge Entwicklung bis jetzt, aber Brahms ist unerschöpflich in der Anwendung von Kunstgriffen für das Wachsen seines Werks. An dieser Stelle zum Beispiel, die wir gerade zuletzt betrachtet haben, nimmt er jene zusammengedrängten Noten und verwandelt sie in eine Begleitung, die jetzt unter einer neuen, sanften Melodie läuft, welche an sich wieder eine Vergrößerung ist – eine Entwicklung jener Quarten, die wir schon gehört haben. Nur sind diese Quarten jetzt doppelt so langsam:

Wann immer ich diese Stelle höre, bin ich von Bewunderung und Hochachtung erfüllt für die Art und Weise, mit der es Brahms gelingt, alles in seiner Musik aus Bestandteilen seiner eigenen Musik zu machen. Alles ist Teil eines großen Gedankens, und jeder einzelne Teil ist ein Ast desselben großen Baums.

Nun ist Brahms so weit, uns das zweite Thema zu bescheren, eine üppige, breit angelegte, schöne Melodie:

Aber auch hier, sogar in einer völlig neuen Melodie, arbeitet Brahms an der Entwicklung von etwas schon Dagewesenem: Er nimmt die Anfangstöne des Satzes:

und macht daraus eine Figur, die sich unter der Melodie bewegt:

und verbindet sie mit dem, was wir vorher gehört haben, als ob er dem Baum einen neuen Ast anfügte.

Als nächstes erscheint – zur Abwechslung – wieder diese neue Melodie, doch diesmal aus der sogenannten Dur-Tonart in die Moll-Tonart versetzt, und es findet folgende Entwicklung statt:

Diese Moll-Version des zweiten Themas bringt uns zum Anfangsthema – nur jetzt in einem ganz neuen rhythmischen Gewand – zurück:

und wird sogar noch weiterentwickelt durch eine einfache Abwärtsskala:

Im Laufe dieser Entwicklung nehmen die Skalen mehr und mehr Platz ein, bis nur noch Skalen vorhanden sind, die in jeder denkbaren Weise auf und abwärts laufen.

Es mag euch völlig verrückt erscheinen, doch Brahms ist sogar jetzt noch nicht beim sogenannten Durchführungsteil dieses Satzes angelangt. Könnt ihr euch das vorstellen? Die Hauptarbeit der Entwicklung steht ihm immer noch bevor, aber er war so von seiner Musik besessen, so voll von Einfällen, daß er nicht einmal seine einfachen Melodien niederschreiben konnte, ohne sie gleichzeitig zu entwickeln. Deswegen hat er in diesem kurzen ersten Teil des Satzes bereits mehr entwickelt als die meisten Komponisten in einer ganzen Symphonie.

Wenn wir mehr Zeit hätten, würde ich gern auch den übrigen Teil dieses wunderbaren Satzes mit euch besprechen und euch all die anderen erstaunlichen Arten zeigen, mit denen er seine Musik zum Wachsen bringt wie ein Meistergärtner; wie er Variationen verwendet und zwei oder drei Melodien kontrapunktisch zusammensetzt; die Art, wie er das Auflösungsverfahren, von dem wir sprachen, benutzt, wie er kleine Melodiesplitter nimmt und sie durch sich selbst weiter entwickelt; oder wie er die Themen auf den Kopf stellt, wie an dieser Stelle, welche das bekannte erste Thema zeigt –

– gerade so, wie man einen Pfannkuchen wendet.

Das Bemerkenswerte daran ist jedoch nicht, daß die Melodie auf dem Kopf steht; es ist vielmehr die Tatsache, daß auch die umgekehrte Melodie wundervoll klingt. Seht ihr, jeder kann eine Melodie nehmen und sie auf den Kopf stellen, sie von rückwärts spielen, doppelt so schnell oder doppelt so langsam – aber die Frage ist:

96

Wird sie schön klingen? Darin liegt Brahms' Größe; seine Musik verändert sich nicht nur, sondern sie verändert sich auf schöne Weise.

Der Kunstgriff besteht nicht darin, alle die verschiedenen Möglichkeiten der Entwicklung zu benutzen, sondern sie im richtigen Moment zu benutzen, so daß die Musik immer ihren Sinn als Musik hat – als *Ausdruck*. Das ist schwierig, doch Brahms verstand es in genialer Weise und so schön wie kaum ein anderer Komponist.

Nachdem ihr jetzt eine Ahnung davon habt, wie symphonische Musik entsteht – die Antwort heißt, wie ihr ja nun genau wißt, *Entwicklung* –, hoffe ich, daß ihr jetzt fähig seid, mit neuen Ohren zuzuhören und imstande, die symphonischen Wunder zu erkennen, das Wachsen, das Wunder des Lebens, das die Musik wie Blut durchströmt und jede Note mit jeder anderen verbindet und so das große Werk entstehen läßt.

Was ist klassische Musik?

Die Frage, die uns jetzt beschäftigen soll, lautet: Was ist klassische Musik? Nun, jeder weiß, daß Händel klassische Musik schrieb, und es klingt auch klassisch. Man erkennt es sofort, schon bei diesen vier Takten aus seiner *Wasser-musik*:

Stimmt's? Worin liegt also das Problem? Warum stellen wir diese Frage? Es gibt einen guten Grund, wie wir bald herausfinden werden.

Fast jedermann meint, er wisse doch, was klassische Musik sei: einfach jede Musik, die kein Jazz ist, wie vielleicht ein Arrangement von Stan Kenton; oder ein bekannter Schlager wie «I can't give you anything but love»; oder Volksmusik wie ein afrikanischer Kriegstanz oder das Liedchen «Komm, lieber Mai…». Aber so kann man klassische Musik nicht erklären. Man kann sie nicht beschreiben, indem man aufzählt, was klassische Musik *nicht* ist.

Man benutzt oft das Wort «klassisch», um Musik zu definieren, die kein Jazz oder keine Schlager- oder Volksmusik ist, weil es kein anderes Wort zu geben scheint, das diese Musik besser erklärt.

Alle anderen Worte, die man gebraucht, sind genauso falsch wie etwa das Wort «gut». Ihr habt sicher schon Leute sagen hören: «Ich habe nur gute Musik gern» — und sie meinen Händel anstatt Bob Dylan. Ihr wißt, was sie sagen wollen; aber gibt es nicht auch so etwas wie guten Jazz oder einen guten Schlager? Ihr könnt also nicht das Wort «gut» benutzen, um eine einzige Art von Musik zu beschreiben. Es gibt guten Händel und guten Bob Dylan; so werden wir das Wort «gut» wohl nicht verwenden können.

Dann benutzen die Leute die Bezeichnung «ernste Musik», wenn sie an Händel oder Beethoven denken. Aber auch hier wieder gibt es Jazz, der sehr ernst ist und – was um alles in der Welt – ist ernsthafter als ein afrikanischer Kriegstanz? Dieser Ausdruck hilft uns also auch nicht viel.

Manche gebrauchen das Wort «hochgeistig», was bedeutet, daß nur sehr kluge und gebildete Menschen Musik verstehen und lieben können. Aber wir wissen, das ist falsch, denn wir kennen viele Menschen, die nicht gerade so klug wie Einstein sind und die doch – um ein «ungeistiges» Wort zu gebrauchen – besonders scharf sind auf Beethoven.

Wie wär's, wenn wir von «Kunst»-Musik sprächen? Viele Leute gebrauchen dieses Wort und versuchen so, den Unterschied zwischen Beethoven und Dave Brubeck zu erklären. Das ist auch nicht gut, denn genauso viele finden, daß auch Jazz Kunst ist – was ja tatsächlich stimmt.

Und wenn wir es mit dem Wort «symphonische» Musik versuchen – nun, das würde jede andere Musik ausschließen, die für Klavier, Geige oder Streichquartett geschrieben ist.

Und auch diese Musik gilt doch als klassisch, oder nicht?

Das beste, was man bisher gefunden hat, ist vielleicht das Wort «Musik mit langer Mähne». Es wurde von Jazzmusikern eingeführt, die damit jede Musik, die nicht ihre eigene war, festnageln wollten. Aber wir sehen genug Jazzmusiker, die selbst eine Mähne tragen, also wird auch dieses Wort nichts taugen.

Da nun alle diese Worte falsch sind, wollen wir versuchen, eines zu finden, das richtig ist, indem wir den wahren Unterschied zwischen den verschiedenen Arten der Musik bestimmen.

Der tatsächliche Unterschied ist der: Wenn ein Komponist ein Stück schreibt, das man allgemein als klassische Musik bezeichnet, schreibt er die genauen Noten nieder, die er haben will, und bestimmt die Instrumente oder Stimmen, die seine Noten spielen oder singen sollen – er legt sogar die genaue Anzahl der Instrumente oder Stimmen fest.

Er schreibt auch so viele Anweisungen auf, als ihm einfallen, damit er den Spielern oder Sängern so sorgfältig wie möglich mitteilt, wie schnell oder langsam, wie laut oder leise es sein muß, und er führt noch eine ganze Menge anderer Dinge an, um den Musikern zu helfen, eine richtige Aufführung der Musik, die er sich ausgedacht hat, zustande zu bringen. Natürlich kann keine Aufführung ganz perfekt werden, denn es gibt in der Welt nicht genügend Worte, um den Ausführenden alles zu sagen, was sie über des Komponisten Wünsche erfahren sollten. Doch gerade das macht den Beruf des ausübenden Musikers so aufregend – aus dem Werk eines Komponisten so genau wie nur möglich zu erkennen, was er meint.

Aber natürlich sind Künstler auch nur Menschen, und deshalb stellt es sich jeder ein bißchen anders vor. Der eine Dirigent wird vielleicht der Ansicht sein, daß im Anfangsmotiv von Beethovens *Fünfter Symphonie* – ihr kennt es sicher –

auf der letzten langen Note ein stark betonter Schlag sein sollte, so:

Ein anderer Dirigent, der sich ebenso bemüht, Beethovens Absicht zu erkennen, wird vielleicht der Auffassung sein, daß die erste der vier Noten den stärksten Akzent haben soll, nämlich so:

Und wieder ein anderer Dirigent – vielleicht weniger werktreu als die beiden ersten – wird beschließen, daß die vier Noten sehr gewichtig, langsam und majestätisch zu spielen seien. Eben so:

Trotz dieser Unterschiede, in denen die verschiedenen Persönlichkeiten dieser drei Dirigenten zum Ausdruck gelangen, dirigieren sie doch alle drei dieselben Noten, im gleichen Rhythmus, mit denselben Instrumenten und zu einem Zweck: Beethovens gedruckte Noten so zum Leben zu bringen, wie es sich ihrer Auffassung nach der Komponist vorgestellt hat. Das heißt, daß die sogenannte klassische Musik nicht geändert werden kann, es sei denn durch die Persönlichkeit des Ausführenden. Diese Musik ist beständig, unabänderlich, exakt. Das ist ein gutes Wort: *exakt*; vielleicht sollten wir diese Art von Musik so nennen: exakte Musik. Innerhalb gewisser Grenzen gibt es nur eine Möglichkeit, sie aufzuführen, und die ist uns vom Komponisten selbst vorgeschrieben.

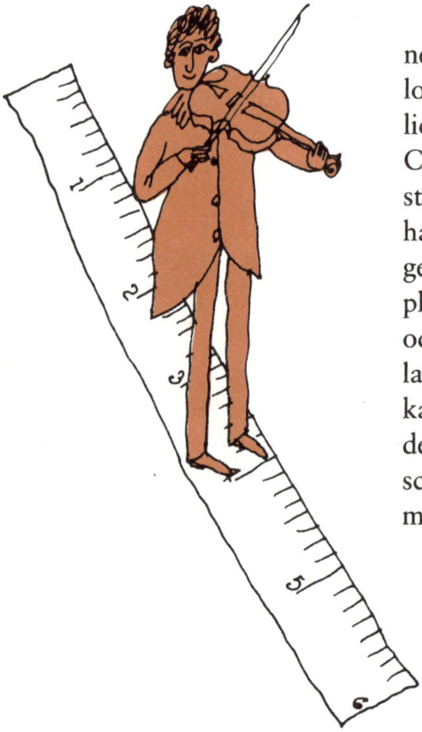

Wenn wir dagegen einen bekannten Schlager nehmen wie etwa «I can't give you anything but love, Baby», dann gibt es unendlich viele Möglichkeiten, ihn aufzuführen. Er kann von einem Chor gesungen werden oder von Louis Armstrong oder von Maria Callas, oder er kann überhaupt nicht gesungen, sondern ebensogut nur gespielt werden: von einer Jazzband, einem Symphonieorchester oder einem Saxophon, langsam oder schnell, leidenschaftlich oder sentimental, laut oder leise. Es spielt keine Rolle. Das Stück kann einmal durchgespielt oder fünfzehnmal wiederholt werden, in jeder Tonart, sogar mit verschiedenen Akkorden. Selbst die Melodie darf man ändern, improvisieren und abwandeln.

So sieht sie gedruckt aus:

I can't give you an - y - thing but love Ba - by!

Aber wenn Louis Armstrong sie singt, dann tönt es ungefähr so:

(Raspy)
etc.
Ah cain't give — ya a - ny - thin' but love — (mmm) Ba-by!

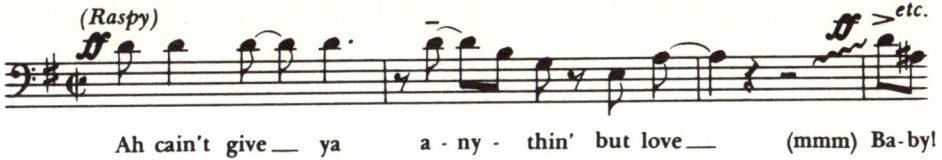

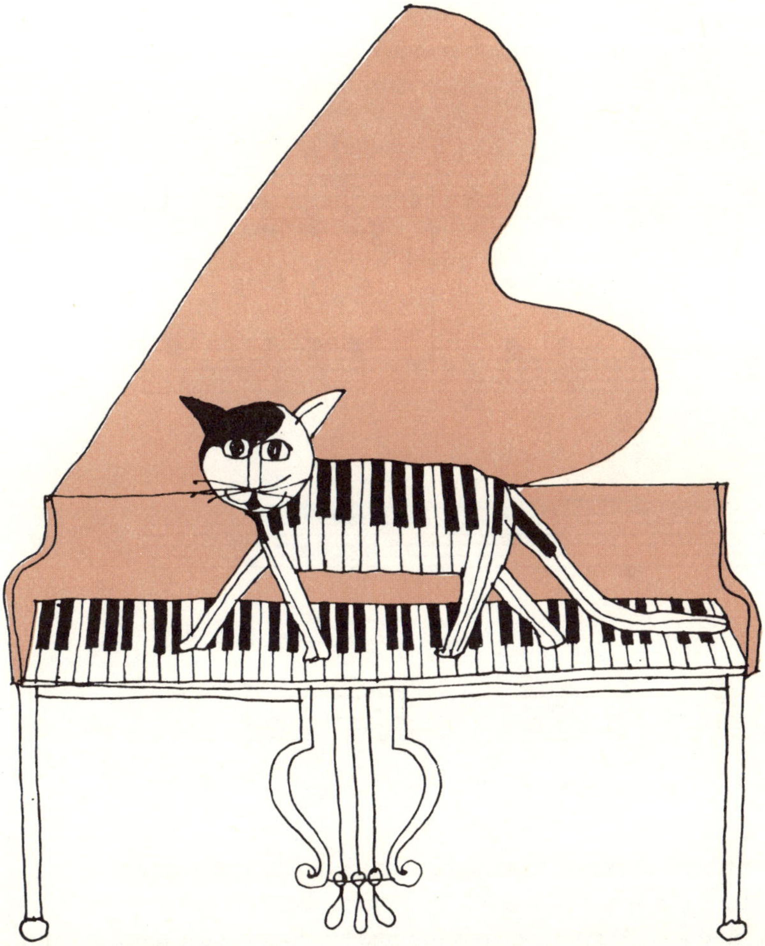

Oder wenn es ein «hot music fan» auf dem Klavier spielt, dann klingt es vielleicht ungefähr so:

Und vom Fred Waring Glee Club gesungen, hätte das Stück einen völlig anderen Klang, etwa so:

Die Hauptsache dabei ist jedoch, daß keine dieser Auffassungen falsch ist. Jede Art der Aufführung scheint jeweils richtig zu sein, wie sie der jeweilige Interpret vorträgt, und jede Art paßt jeweils für eine bestimmte Gelegenheit – zum Tanzen etwa oder im Nachtklub, oder für eine Fernsehshow. Es gibt keine feststehende Art, wie dieser Song aufgeführt werden muß, und das heißt, daß es sich nicht um *exakte* Musik handelt. Sie muß nicht genauso aufgeführt werden, wie es der Komponist geschrieben hat. Es ist tatsächlich sogar wichtig, daß Schlager nicht immer genauso gespielt werden, wie der Komponist es vorsah. Stellt euch nur vor, wie todlangweilig es wäre, wenn ihr «I can't give you anything but love, Baby» immer nur so hörtet, wie es auf dem Notenblatt steht.

Dasselbe gilt auch für Volksmusik. Sie kann und soll sich mit jeder Aufführung ändern. Natürlich gibt es einen Grund dafür, daß Volksmusik abgewandelt wird, denn kein Komponist hat Vorschriften darüber gemacht, wie sie gespielt werden soll. Was den Jazz betrifft, so ändert er sich natürlich fortwährend, das liegt im Wesen des Jazz. Es ist Improvisation – das bedeutet, die Musik wird erfunden, während sie gespielt wird, ohne daß sie aufgeschrieben würde.

Jetzt haben wir also wenigstens eine bessere Bezeichnung für klassische Musik gefunden: *exakte* Musik. Gäbe es vielleicht noch einen besseren Ausdruck dafür (mir fällt im Moment keiner ein), so ist dieser doch wenigstens kein falscher Ausdruck; aber *klassisch* ist ein falscher Ausdruck.

Warum ist er falsch? Ja, weil es zwar so etwas wie klassische Musik gibt, was aber etwas völlig anderes bedeutet als das, worüber wir gesprochen haben. Es bedeutet nicht «Lange-Mähnen»-Musik; es bedeutet nur eine gewisse Art davon. Hört euch einmal diese bekannte Melodie aus Rimsky-Korssakows *Scheherazade* an:

Ist das klassische Musik? Wenn ihr ja sagt, so ist das falsch. Das Wort klassisch bezieht sich auf einen ganz bestimmten Zeitraum innerhalb der Musikgeschichte, den wir die *klassische* Zeit nennen. Die Musik, die in diesem Zeitraum geschrieben wurde, nennt man klassische Musik, und *Scheherazade* wurde nicht in dieser Zeit geschrieben. Aber diese Musik hier von Mozart, wurde damals geschrieben:

Sicher könnt ihr den Unterschied zwischen *Scheherazade* und diesem Thema aus einem Klavierkonzert von Mozart hören. Mozart ist klassische Musik, *Scheherazade* nicht.

Nun wollen wir uns ein Bild davon machen, wie es in dieser klassischen Zeit aussah. Sie dauerte ungefähr hundert Jahre, etwa von 1700 bis 1800. Was wissen wir über dieses 18. Jahrhundert? Betrachten wir zunächst die erste Hälfte, die ersten fünfzig Jahre. (Genaugenommen heißt die erste Hälfte des 18. Jahrhunderts Barock oder vorklassische Periode. Doch lassen wir das vorerst beiseite.) Wir wissen, wie es zu dieser Zeit in Amerika aussah. Man war immer noch damit beschäftigt, das Land zu besiedeln; Pioniere erforschten neue unwirtliche Gebiete, neue Grenzen entstanden, man kämpfte gegen Indianer. Mit anderen Worten, es war eine schwere Zeit, ein rauhes Leben, und man schuf ein von Grund auf neues Land.

Zur gleichen Zeit sah es in Europa völlig anders aus. Hier finden wir eine schöne, alte Kultur, die sich über Jahrhunderte hin entwickelt hatte; und während des 18. Jahrhunderts war man in Europa nicht mehr damit beschäftigt, das Land zu erforschen und Balken zu zimmern. Man versuchte zu vollenden, was man bereits aufgebaut hatte. Diese ersten fünfzig Jahre des 18. Jahrhunderts waren in Europa eine Zeit mit festen Gewohnheiten und Bestimmungen, und man war bemüht, diese Vorschriften und Regeln so genau wie möglich einzuhalten.

Das ist das Wesen der Klassik – der Versuch, Regeln zur höchsten Vollendung zu bringen. Das sehen wir bei der klassischen Architektur, beim klassischen Drama und bei der klassischen Musik. So ist die klassische Musik wirklich: Musik, die in einer Zeit geschrieben ist, in der man auf vollendeten Aufbau und auf Ausgewogenheit achtet, Musik, in der vor allem die tadellose Form wichtig ist wie die Form einer schönen antiken Vase.

Die beiden überragenden musikalischen Gestalten dieser ersten fünfzig Jahre des 18. Jahrhunderts waren Bach und Händel. Vor allem Bach; denn er benutzte alle Regeln, mit denen die Komponisten vor ihm experimentiert und gespielt hatten, und führte sie zur höchsten Vollendung, deren ein genialer Musiker fähig sein kann.

Nehmen wir zum Beispiel die Form, die man Fuge nennt. Man hat schon lange vor Bach verschiedene Arten von Fugen geschrieben; aber sobald sich Bach dieser Form annahm, machte er sie besser, als sie je gewesen war. Er schuf mit seiner Fuge eine klassische Form, indem er die Regeln und Gesetze so formvollendet anordnete, daß sie ein für allemal, für immer, gültig blieben.

Ihr könnt die Gesetze einer Fuge mit der gedruckten Anleitung vergleichen, die ihr bekommt, wenn ihr einen Metallbaukasten kauft. Darin wird euch genau gesagt, wie man ein Haus bauen muß oder ein Riesenrad. Ihr beginnt das Riesenrad, indem ihr auf dem Fußboden ein Metallteil an das andere fügt; dann fügt ihr genau vier Kerben höher wieder eines an; dann noch eines fünf Kerben höher und so fort. Schließlich baut ihr das Rad, das sich um die ganze Konstruktion dreht.

Genau dasselbe macht Bach in einer Fuge. Nehmt als Beispiel die Fuge aus dem *Vierten Brandenburgischen Konzert*. Den Grundstein für sein Riesenrad legt er, indem er die Bratsche, auch Viola genannt, mit dem Thema beginnen läßt – das ist der erste Teil:

Dann fügt er einen zweiten Teil hinzu – auf einer Geige, vier Stufen höher – das heißt auf die Musik übertragen, vier Noten höher (und, in diesem Fall, vier Takte später):

Jetzt folgt ein dritter Teil, wieder auf einer Geige, fünf Stufen höher (und wieder vier Takte später):

Dann der vierte Teil, gespielt von Cello und Kontrabaß, diesmal in tiefer Lage:

Und schließlich fügt sich der fünfte Teil mit der Flöte, in einer hohen Lage, an:

Jetzt ist der Unterbau erreicht, und Bach kann beginnen, ihn mit dem großen Rad zu umgeben. Das Wunderbare daran ist, daß er nicht aus fünf einzelnen Stücken besteht, von denen jedes für sich allein ist. Sie sind alle miteinander verbunden; das heißt, immer wenn ein neues Instrument mit dem Thema einsetzt, spielen die übrigen etwas anderes weiter, wenn also der fünfte Teil – die Flötenstimme – hinzukommt, werden fünf verschiedene Teile zur gleichen Zeit gespielt, so wie beim Baukasten die fünf verschiedenen Stücke alle ineinandergefügt sind.

Blättert um, dann seht ihr alles zusammen:

Ein Bachbaukasten

3. Setz fünf Stufen hö
her die erste Geige ein
(Bratsche und zweite
Geige spielen unten
weiter)

2. Setz vier Stufen höher die zweite Geige
ein (die Bratsche spielt unten weiter)

1. Beginne hier (Bratsche)

(Viola)

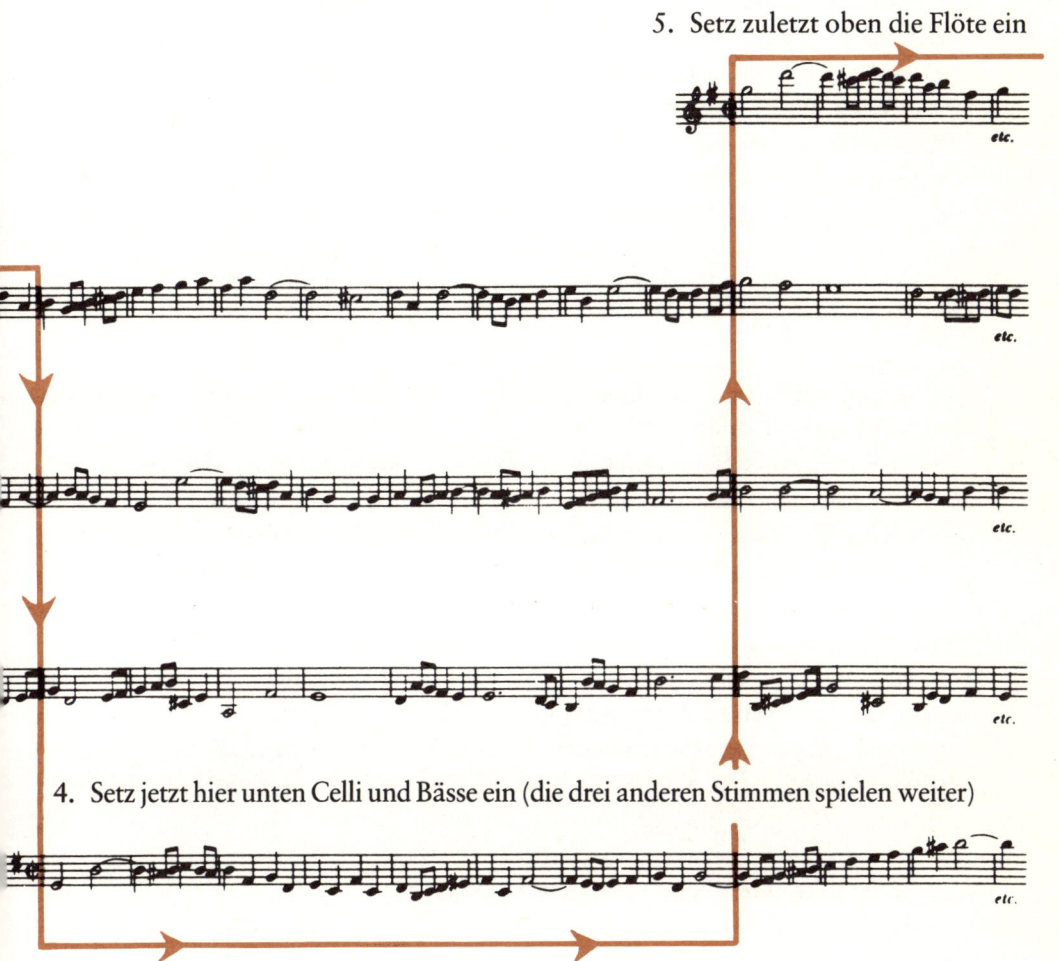

5. Setz zuletzt oben die Flöte ein

4. Setz jetzt hier unten Celli und Bässe ein (die drei anderen Stimmen spielen weiter)

Das Gebäude ist von Bach tatsächlich so geschickt errichtet, daß das Thema der Fuge niemals allein auftaucht, auch nicht ganz am Anfang, man hört es immer zusammen mit einem stützenden Gegenthema, genau wie ein Balken in einem Haus von einer Säule getragen wird.

Bach starb im Jahr 1750, und sein Todesjahr teilt das 18. Jahrhundert in genau zwei Hälften. Die nächsten fünfzig Jahre waren tatsächlich ganz anders. Alles wandelte sich; die neuen großen Gestalten waren Haydn und Mozart, und ihre Musik unterscheidet sich grundsätzlich von derjenigen Bachs. Es war noch immer klassische Musik, denn Haydn und Mozart bemühten sich um das gleiche wie Bach – Vollendung von Form und Gestalt. Aber nicht mehr mit Fugen – es sollte jetzt etwas völlig Neues entstehen.

Wie vollzieht sich solch ein Wandel? Besuchen die Komponisten einfach eine Versammlung, wie andere ein politisches Treffen oder eine Geschäftstagung, und entscheiden sie durch Abstimmung darüber, den Stil der Musik zu ändern? Sicher nicht. Es geschieht von allein, denn wie sich Zeit und Geschichte wandeln, so ändern sich auch die Menschen. Auch Komponisten sind Menschen, und so ist es ganz selbstverständlich, daß sich auch ihre Musik wandelt.

Die Zeitgenossen von Haydn und Mozart hielten Bach für altmodisch und seine ernsten Fugen und ähnliches für langweilig.

Sie wollten etwas Neues, nicht so kompliziertes, mit hübschen Melodien und leichter Begleitung. Musik, die elegant war, gepflegt und angenehm. Und das entsprach ganz der Zeit: einer Zeit der Eleganz und der Vornehmheit, des guten Benehmens und korrekten Zeremoniells. Man trug Spitzenmanschetten, seidene Anzüge, gepuderte Perücken, und die Damen und Herren am Hofe bedienten sich juwelenbesetzter Fächer.

So entstand im Laufe der Zeit hübsche, elegante Musik, in der die Melodie das Wichtigste war. Nehmt dieses wundervolle Thema aus Mozarts Klavierkonzert, von dem wir schon gesprochen haben. Das ist nicht wie aus einem Baukasten; eine herrliche Melodie, mit einer schlichten, kleinen Begleitung – einfach, aber wie schön.

Kein anderer konnte solche Melodien schreiben wie Mozart.

Aber auch diese Melodien gehorchen Regeln und Gesetzen, genau wie Bachs Fugen, nur sind es eine Menge anderer Regeln, aus welchen die leichte, eingängige Art von Musik entstand, nach der man in der zweiten Hälfte des Jahrhunderts verlangte.

Mit dieser neuen, unbeschwerten, angenehm klingenden Musik hat es noch etwas anderes auf sich: sie diente dem Vergnügen. Diese Leute mit Spitzenmanschetten und gepuderten Perücken wollten unterhalten werden. Sie wünschten, in der Musik Zeitvertreib und Vergnügen zu finden, hübsche Melodien, aber auch heitere, geistreiche und zündende Einfälle. Auch dies beherrschte Mozart meister-

haft. So ist zum Beispiel die Ouvertüre zu seiner Oper *Die Hochzeit des Figaro* ein Stück, das genau den Regeln einer Form folgt, die man Sonate nennt und die wir hier nicht weiter behandeln wollen – aber sie unterscheidet sich himmelweit von einer Bachschen Fuge. Das Wesentliche daran ist nicht ihr Aufbau, wie es beim Baukasten wichtig war, sondern diese Musik ist heiter, geistreich, interessant und – amüsant. Wie bei einer Fahrt mit der Berg- und Talbahn – man ist ausgelassen und guter Laune. Man unterhält sich und man lacht.

Doch wenn es um Humor in der Musik geht – um echte Streiche –, das kann niemand besser als Haydn. Er war der große Meister der Unterhaltung. Nun müßt ihr aber eines wissen: Musikalische Späße kann man nur über Musik selbst machen. Was nicht heißen soll, daß Musik für sich nicht komisch sein kann; es bedeutet nur, sie kann nicht etwa Witze über Marsmenschen machen, die auf der Erde landen und sagen: «Führt uns zu eurem Häuptling!» oder über die bekanntlich so komischen Schotten. Aber Noten wie Es und Fis können euch trotzdem zum Lachen bringen – und zwar, wenn sie euch überraschen. Überraschung ist die beste Art, einen zum Lachen zu bringen; wenn man etwa plötzlich hinter jemandem auftaucht und laut «Buh» ruft oder wenn man einen in den April schickt, oder bei der Ankunft anstatt «Guten Tag» «Auf Wiedersehen» zu ihm sagt.

Solche Überraschungen können die Komponisten auf vielerlei Arten bereiten: Die Musik wird plötzlich laut, wenn man erwartet, daß sie leise wird, oder umgekehrt; sie bricht mitten in einer Phrase ab, oder der Komponist schreibt absichtlich eine falsche Note hinein, eine Note, die man nicht erwartet und die nicht zur Musik paßt. Versuchen wir so etwas nur zum Spaß. Ihre alle kennt diesen dummen Slogan:

Shave and a hair - cut, two bits!

Jetzt singt ihr dazu «Shave and a haircut», spielt an der Stelle «two bits» auf dem Klavier zwei falsche Noten und schaut, was passiert:

Ihr singt:

Shave and a hair - cut

Und spielt jetzt diese Noten:

Seht ihr? Es kommt unerwartet und deswegen ist es lustig. Die meisten Menschen lachen aber nicht über musikalische Scherze. Das gehört sich so beim musikalischen Humor: man lacht *innerlich*. Anders könnte man ja keine Haydn-Symphonie anhören – das Gelächter würde die Musik übertönen. Aber das heißt nicht, daß eine Haydn-Symphonie nicht lustig ist. Ihr habt schon die *Symphonie mit dem Paukenschlag* gehört, wo Haydn mitten in eine leise Stelle plötzlich einen lauten Akkord hineinplatzen läßt. Doch er hatte noch viele Einfälle, uns zum Lachen zu bringen. Der letzte Satz seiner *Symphonie Nr. 102* – (stellt euch nur vor, daß er 102 Symphonien schrieb, ja sogar 104!) – also der letzte Satz dieser *Symphonie Nr. 102* ist voller Überraschungen und Scherze. Ich will euch an einigen Beispielen zeigen, wie Haydn in diesem Stück lustige Späße treibt.

Das Werk beginnt mit dieser schnellen, fröhlichen Melodie, als ob ein ausgelassener junger Dackel durch die Gegend jagte:

Dieses letzte kleine Echo der Holzbläser klingt, als lache jemand über etwas, was man eben gesagt hat. Wenn ihr ganz ernst sagt:

Wuchtig und laut

und jemand macht sich über euch lustig und fährt so fort:

Leicht und leise

dann werdet ihr vielleicht ein wenig ärgerlich sein, aber es ist trotzdem lustig, man neckt euch eben. Das tut Haydn auch: Die guten ernsten Streicher sagen etwas, und die kleinen pfeifenden Holzbläser machen sich darüber lustig, indem sie es nachahmen und verspotten.

Nachdem er verschiedene andere lustige Motive ertönen ließ, muß er zum ersten Thema, das wir eben erwähnten, zurückkehren. Und wie er sich zu diesem Thema zurückstiehlt, ist wieder eine Überraschung. Er schleicht einfach wieder hinein in einem Moment, in dem man es am wenigsten erwartet. Ihr denkt, euer kleiner Bruder sei spazierengegangen, und plötzlich taucht er unter dem Küchentisch wieder auf – hier habt ihr Haydns Art und Weise:

(die gleichen Noten,

nur langsamer)

etc.

Ihr seht, wie er ganz heimlich zurückkehrt. Ihr habt einen Moment nicht hingeschaut – und bums – da ist er.

Später wiederholt Haydn den Scherz noch einmal, aber auf andere Art – so, als ob euer kleiner Bruder nun plötzlich aus der Badewanne herauskäme:

Es gibt noch viele musikalische Scherze in diesem Satz. Zum Beispiel die Stelle, wo Haydn so tut, als wollte er die Melodie wiederholen, und dann etwas völlig anderes folgen läßt. Täuschung ist immer lustig, geradeso wie bei einem Taschenspielertrick: Ich habe einen Groschen in der Hand – husch, wo ist er hin? So macht es Haydn:

Diese letzte laute Tonleiter klingt wirklich so, als ob jemand schallend loslacht! Später deutet Haydn diese Melodie immer wieder an und erschreckt uns mit noch mehr unerwarteten lauten und leisen Stellen:

Der ganze Satz ist nicht sehr lang, aber lustige Dinge sollten auch nicht lang sein. Habt ihr nicht schon immer gemerkt, daß ihr über einen Witz besonders lachen müßt, wenn er sehr kurz ist? Wir alle kennen Leute, die Witze schlecht erzählen können, gewöhnlich deswegen, weil sie nicht schnell genug zur Pointe kommen. Nun, Haydn kann es; in der Geschichte der Musik ist er der beste Witze-Erzähler. Humor in der Musik ist ein so interessantes Kapitel, daß ich ihm den ganzen nächsten Abschnitt widmen will.

Das bedeutet natürlich nicht, daß jede klassische Musik humorvoll sein muß. Sie kann sehr ernst sein. Ich möchte damit nur sagen, daß Witz oder Humor ein wesentlicher Bestandteil der Musik von Haydn und Mozart sind, verbunden mit Eleganz, Anmut und geschmeidiger Kraft.

Vor allem aber ist diese Musik von klassischer Schönheit. Die Gesetze der Ausgewogenheit und Form sind ebenso streng befolgt wie in Bachs Fugen. Sie strebt nach Vollkommenheit.

Jetzt sagt ihr vielleicht: Wenn vollendete Form, Regeln und ähnliches am wichtigsten sind – wo bleibt dann die Stimmung? Die Leute meinen immer, daß Gefühl und Stimmung die Hauptsache in der Musik sind. Sie soll Gefühle erwecken – nicht nur Lachen –, sondern Trauer und Schmerz, sieghafte Freude oder geistige Anregung, so wie ich es im vorigen Kapitel gesagt habe. Tatsächlich lassen Mozart und Haydn uns all diese Dinge spüren, obwohl sie nach strengen Regeln komponieren und so großen Wert auf Gleichgewicht und Form legen. Jeder große Komponist, der Musik geschrieben hat, ob nun klassisch oder nicht klassisch, löst tiefe Gefühle in uns aus, weil er bedeutend ist – weil er etwas auszudrücken hat und uns mit seiner Musik etwas sagen will. Und deswegen wird die Musik eines bedeutenden Komponisten bestehen bleiben, vielleicht für immer, weil die Menschen immer wieder von einem Gefühl ergriffen werden. Und diese Gültigkeit ist vielleicht die entscheidende Bedeutung, die im Wort «klassisch» liegt.

Klassisch ist etwas, was ewig Bestand hat, wie eine griechische Vase, Robinson Crusoe, Shakespeares Stücke oder eine Symphonie von Mozart. Es gab Hunderte von klassischen Komponisten, die zur Zeit Mozarts schrieben – schöne Stücke, die, nach genauen Regeln komponiert, elegant und richtig waren. Aber ihre Musik ist dennoch nicht von Dauer, weil sie in den Menschen, die sie hören, kein

Gefühl auslöst – sie spüren nicht die klassische Vollkommenheit, die gewisse besondere Note.

Dieses gewisse Etwas ist die Schönheit, und was wir Schönheit nennen, hat mit unseren Gefühlen zu tun. Und das liegt in der Musik Mozarts – Schönheit. Wenn wir die herrliche Melodie aus dem schon erwähnten Konzert hören, sind wir gerührt und ergriffen: wir fühlen etwas. Beim Anhören dieser langen, wundervollen melodischen Linie ist man tief bewegt – schwankend zwischen Trauer und Glück. Diese Musik erweckt Gefühle ganz eigener Art:

Die klassische Periode, von der wir gesprochen haben, endete mit dem Beginn des 19. Jahrhunderts, mit Beethoven. Die meisten Leute halten ihn für den größten Komponisten aller Zeiten. Woher kommt das? Beethoven wandte alle die klassischen Regeln von Mozart und Haydn an und erweiterte sie, bis seine Musik in jeder Hinsicht größer wurde. Wo Haydn nette kleine Scherze treibt, wie man sie sich etwa im Salon erzählt, macht Beethoven Späße, die die Welt erschüttern, die man nur im Sturmgebraus erzählen könnte. Wo Haydn uns vergnügliche Überraschungen bereitet, versetzt uns Beethoven in Staunen und läßt uns nach Atem ringen, aber nicht lächeln. Wo Mozart lustig war, da ist Beethoven außer sich vor Freude. Es ist, als würden wir die klassische Musik durch ein Vergrößerungsglas betrachten: Alles wird monumental. Vor allem aber flößte Beethoven der klassischen Musik weit mehr persönliches Gefühl ein. Seine Gefühle sind stärker und deutlich erkennbar.

Das nennen wir *Romantik*; diese Bezeichnung geben wir der Musik, die in den hundert Jahren nach Beethoven geschrieben wurde. Es bedeutet, daß man seine Empfindungen offen zeigt, sich nicht zurückhaltend, artig und behutsam gibt, sondern seine tiefsten Gefühle ausspricht, ob es passend ist oder nicht.

Ich will euch ein Beispiel geben. Wenn mir ein Mädchen namens Fräulein Schmidt vorgestellt wird und ich sage: «Guten Tag, Fräulein Schmidt, ich freue mich, Ihre Bekanntschaft zu machen», dann verhalte ich mich den Regeln entsprechend. Wenn ich aber sage: «Guten Tag, was haben Sie für herrliche Augen, Sie gefallen mir», dann bin ich ein Romantiker. Ich drücke meine Gefühle ohne jede Scheu aus, denn ich bin voll Feuer und Leidenschaft. Versucht das einmal nachzufühlen, etwa in der Musik von Chopin, der ein echter Romantiker war:

Oder hört euch diese Melodie des großen romantischen Komponisten Schumann an:

Auch die romantischen Komponisten hielten nicht einfach eine Versammlung ab und beschlossen, von nun an romantische Musik zu schreiben. Wieder ist es der Spiegel eines Umschwungs, den die Geschichte bewirkt, eine Änderung der Lebensart, des Denkens, Fühlens und Handelns des Menschen. Und es begann seltsamerweise mit jenem größten aller Klassiker, mit Beethoven.

Er vereinigte zweierlei in sich – er war der letzte Vertreter der klassischen Periode und der erste der romantischen. Vielleicht kann man sagen, daß er ein Klassiker war, der zu weit ging. Er war so überströmend von Gefühlen und Gemütsbewegungen, daß er sich nicht von allen den Regeln und Vorschriften des 18. Jahrhunderts einengen lassen konnte. Er sprengte diese Fesseln und begann, eine völlig neue Art von Musik zu schreiben. Und das war das Ende der Klassik.

Was haben wir also gelernt? Erstens einmal, daß klassische Musik nicht gerade «verzopfte» Musik bedeutet, sondern daß es eine ganz bestimmte Art von Musik ist, die im 18. Jahrhundert von Bach und Händel, von Mozart und Haydn und schließlich von dem großen Beethoven geschrieben wurde. Klassischere Musik als zum Beispiel Beethovens *Egmont-Ouvertüre* gibt es nicht; und doch ist sie erfüllt von romantischen Gefühlen, von Geheimnis, Sehnsucht, Feuer, Sieg und Freude. Natürlich ist es noch nicht die große, üppige Romantik, wie wir sie später in der Musik von Chopin und Schumann antreffen und bei Tschaikowsky, Wagner und all den anderen. Beethoven ist erst der Anfang der romantischen Musik. Vergeßt nicht, daß er aus dem 18. Jahrhundert stammt, obwohl er länger als fünfundzwanzig Jahre im 19. Jahrhundert lebte; und daß seine Gesetze, obwohl er sie durchbricht, klassische Gesetze sind. Er versuchte immer noch, diese Gesetze zu vervollkommnen, und in seinen besten Werken kam er der Vollkommenheit näher als je ein Mensch, seit die Welt besteht.

Humor in der Musik

Was macht Musik lustig? Diese Frage ist leichter zu stellen als zu beantworten. Die Hauptschwierigkeit scheint darin zu liegen, daß im Moment, in dem man erklärt, warum etwas lustig ist, es aufhört, lustig zu sein. Nehmt als Beispiel irgendeinen Witz, etwa diese abgedroschene alte Geschichte: Ein Elefant macht sich über eine Maus lustig, weil sie so klein ist. Er sagt: «Oh, sieh nur, so eine kleine Haselnuß, du Zwerg, du bist nicht einmal so groß wie mein linker Zehennagel!» Da sagt die Maus: «Ich bin eben krank gewesen.»

Was ist daran so lustig? Es bringt uns immer zum Lachen, und vielleicht können wir erklären, warum: Die Antwort kommt unerwartet und überraschend. In jedem Witz muß es dieses Element der Überraschung und des Unerwarteten geben, den sogenannten «Dreh», den springenden Punkt oder die zündende Pointe; aber wie immer wir es auch bezeichnen, es muß uns überraschend und unerwartet treffen, nur dadurch bringt es uns zum Lachen. Wer hätte erwartet, daß die Maus ihre kleine Gestalt damit entschuldigt, daß sie krank war? Wollten wir das aber erklären, können wir nicht mehr lachen; der Witz mag lustig gewesen sein, die Erklärung ist es nicht. Leider gibt es Menschen, die unbedingt Witze erzählen wollen und dann erklären, warum sie lustig sind. Es gibt nichts Schlimmeres, damit töten sie einfach den Witz.

Es gibt so viele Arten von Humor, daß es auch deshalb schwierig ist zu erklären, was Humor eigentlich ist; wir kennen den Witz, die Satire, die Parodie, die Karikatur, die Burleske oder die ganz einfache Clownerie.

All diese verschiedenen Arten von Humor finden wir auch in der Musik. Aber etwas sehr Wichtiges müssen wir über Humor in der Musik wissen: Er muß auf musikalischen Gründen beruhen. Musik kann mit nichts anderem Spaß treiben als mit Musik. Sie kann sich lustig machen über sich selbst oder über andere Musikstücke, doch kann sie nie Witze über einen Elefanten und eine Maus machen.

Wenn aber Musik lustig ist, ist sie es auf gleiche Art wie ein Witz. Sie tut etwas Schockierendes, Überraschendes, etwas Unerwartetes oder Absurdes. Sie fügt

Dinge zusammen, die nicht zusammengehören. Dinge, die unvereinbar sind. So scheint die kleine Alice, wenn sie völlig verwirrt ist durch die fremde neue Welt im «Wunderland» und sich an nichts mehr genau erinnern kann, den verrückten Hutmacher zu hören:

> «Flatt're kleine Fledermaus,
> Gern flög' ich mit dir hinaus!
> Wenn du hoch zum Himmel fliegst
> Und wie ein Teebrett droben liegst.»

Das paßt nicht zusammen? Nein, denn ein Teebrett hat einfach nichts mit dem Himmel zu tun, genausowenig wie mit Fledermäusen. Unvereinbare Dinge ergeben keinen Sinn, sie ergeben Un-Sinn, und Unsinn ist das Schönste, was es gibt. Er bringt uns zum Lachen.

Natürlich gibt es Musikstücke, die nicht über sich selbst Witze machen; aber dann sind es keine musikalischen Witze. Zum Beispiel finden wir im Ballett *The Incredible Flutist* des amerikanischen Komponisten Walter Piston einen Teil, der eine Parade imitiert. An zwei Stellen ist dieses Stück lustig: Zuerst ahmt ein Symphonieorchester eine marschierende Blechkapelle nach. Das paßt nicht zusammen. Dann beginnen alle Orchestermusiker zu rufen und zu schreien wie Leute, die einer Militärparade zuschauen. Auch das paßt nicht zu einem Symphonieorchester. Aber dieses Geschrei ist keine Musik. Und deshalb ist es nicht aus *musikalischen* Gründen lustig.

Das gleiche gilt für das kleine Stück *Moskito-Tanz* des Amerikaners Paul White: Es wird zum großen Spaß, wenn der Moskito mit einer Narrenpritsche gehauen wird. Aber auch das ist keine Musik. Es ist Geräusch, doch kein *musikalisches* Geräusch. Und wenn man in Gershwins *Ein Amerikaner in Paris* die Autohupen hört, ist es dasselbe; man bekommt einen amüsanten Eindruck von Paris mit seinen Tausenden von Autos und Taxis, die hin und her jagen und hupen, aber mit Musik hat das nichts zu tun. Es ist Lärm und keine Musik.

Damit haben wir genug über musikalische Späße gesprochen, die nicht mit musikalischen Mitteln entstehen. Jetzt wollen wir Musik betrachten, die humoristisch ist, ohne Pritschen und Hupen und Geschrei – Musik, die ihre Späße mit Noten macht, mit ganz gewöhnlichen Musiknoten.

Die erste und einfachste Möglichkeit, wie Musik erheitern kann, besteht darin, daß sie die Natur nachahmt. Eine der altbekannten Arten, uns zum Lachen zu bringen, ist es, Dinge oder Leute nachzuahmen, so wie Komiker berühmte Stars imitieren. Musik macht das, indem sie Geräusche nachahmt – Geräusche, die wir alle kennen, Moskitos, Züge, Ochsenkarren, kleine Küken oder sogar ein starkes Niesen.

Ein gewaltiges musikalisches Niesen hat zum Beispiel der ungarische Komponist Zoltán Kodály in seiner *Háry-János*-Suite eingefügt. Es beginnt ganz lang-

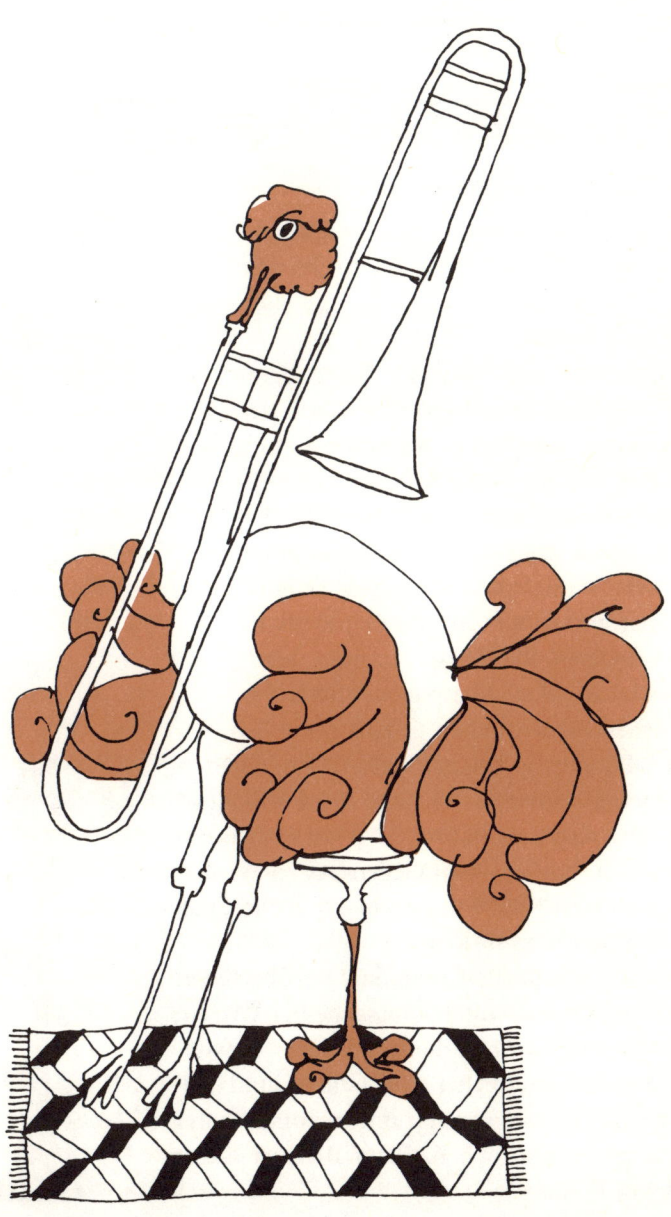

sam, wie schweres Atmen, und dann explodiert es – Hatschi! – nach allen Richtungen.

Diese Art des Nachahmens geht zurück bis auf die frühesten Komponisten, wie zum Beispiel den Franzosen Rameau, der viele Stücke für Cembalo schrieb und dabei Kuckucke, Hähne und noch alles mögliche imitierte. Hier ist eine Melodie, die genau solche Töne hervorbringt wie eine Henne:

gak- gak-gak-gak-gak - ga - ka - kaa   etc.

Aber wir wollen uns nicht zu lange beim Imitieren aufhalten, sondern zum Kern der Sache kommen, zum Witz. Ihr werdet euch erinnern, daß wir über diese Seite des Humors schon im Zusammenhang mit einer Haydn-Symphonie gesprochen haben. Sicher habt ihr gemerkt, wie witzig Haydn ist: wie er euch ständig überrascht; wie er durch plötzliche Pausen Humor in die Musik bringt; durch plötzliches Laut- oder Leisespielen; und wie er Heiterkeit hervorruft, indem er jene schnellen, jagenden Melodien schreibt, die uns an einen kleinen Dackel erinnern, der über den Fußboden schlittert. Die rein musikalischen Witze haben das Schöne an sich, daß sie – im Gegensatz zu Witzen, die man sich sonst erzählt – um so mehr Spaß machen, je besser man sie kennt.

Und wie schnell dieser Haydn-Satz vorüberfliegt! Schnelligkeit ist immer die Hauptsache bei Witzen; schnell und lustig – das ist die Regel dafür. Deswegen sind die Zungenbrecher von Gilbert und Sullivan so komisch – sie werden mit unvorstellbarer Geschwindigkeit gesprochen. Zum Beispiel dieser aus *Pirates of Penzance*:

Major-General's Song:

«Ich bin das Muster aller modernen Generale,
Ich weiß alles über Tiere, Pflanzen, Minerale,
Ich kenne Englands Könige so wie die historischen
        Schlachten.
Von Marathon bis Waterloo der Reih' nach – bitte
        zu beachten;
Ich kann die Dinge auch lösen mathematisch,
Ich verstehe Gleichungen – ersten Grads oder
        quadratisch;
Über Binomial-Theoreme trag' ich Neuheiten
        im Busen
Mit vielen heiteren Tatsachen über die Quadrate
        der Hypotenusen.»

Versucht es zu singen, oder wenn ihr die Melodie nicht
kennt, lest es einfach – vier Zeilen in einem Atem mit
gleich starker Betonung auf jeder Silbe. Je schneller ihr es
macht, desto lustiger wird es.

    Haydn tut das gleiche. Um lustige Wirkungen zu erzie-
len, benutzt er Geschwindigkeit. Im letzten Satz seiner
Symphonie Nr. 102 kann man dieselbe aufregende Atem-
losigkeit hören. Es bringt euch zwar nicht dazu, laut zu
lachen, aber gerade daran seht ihr, was ich mit dem Wort
geistreich meine: als ob euch jemand eine Reihe Zauber-
kunststücke so schnell vormachte, daß ihr sie kaum erfassen könnt.

    Wir kommen jetzt zu einer neuen Sparte des Humors,
der Satire. Das ist eine hübsch große, eigene Abteilung,
und sie schließt all diese anderen Begriffe wie Parodie, Karikatur und Burleske in
sich ein. Alles bedeutet ungefähr dasselbe – sich über etwas lustig machen, indem
man es übertreibt oder irgendwie verdreht. Doch gibt es einen gewissen Unterschied zwischen der Satire und den eben genannten anderen Formen. Die Satire
macht sich über etwas lustig, in der Absicht, Neues zu schaffen und vielleicht
sogar etwas Schönes; mit anderen Worten, sie hat ein besonderes Ziel. Die
Parodie aber macht sich nur um des Spaßes willen über etwas lustig. Das wird
euch deutlicher werden, wenn ihr in der Musik diesen Unterschied hört.

Eine der besten musikalischen Satiren, die je geschrieben wurden, stammt von dem modernen russischen Komponisten Prokofieff. Es ist seine *Klassische Symphonie*. Das ist ein Juwel einer Symphonie, ganz und gar eine Nachahmung von Haydn. Der Form nach gleicht sie genau einer Haydn-Symphonie, nur übertreibt sie die Überraschungen, die plötzlich lauten und leisen Stellen, die Pausen, die eleganten Melodien und vieles andere. Und immer wieder schleicht sich etwas sehr Eigenartiges hinein – eine kleine falsche Note oder ein Taktschlag zuviel oder einer zuwenig; und dann geht es einfach weiter, so harmlos, als sei überhaupt nichts Absonderliches geschehen.

Was das Werk so komisch macht, ist diese Kombination von lustigen Übertreibungen und kleinen Anspielungen auf moderne Musik, die immer wieder auftauchen und zu diesem Musikstück, Typus 18. Jahrhundert, gar nicht passen.

Ich glaube, es ist das einzige Musikstück, über das ich laut lachen mußte. Ich erinnere mich noch genau daran, wie ich es zum erstenmal im Radio hörte, als ich ungefähr fünfzehn Jahre alt war. Ich weiß noch, wie ich auf dem Boden lag und Tränen lachte. Ich kannte das Stück nicht. Von Prokofieff hatte ich noch nie etwas gehört. Ich wußte nur, daß hier etwas sehr Seltsames, Lustiges und Schönes vor sich ging.

Der dritte Satz dieser Symphonie hat zum Beispiel die Form einer bezaubernden Gavotte – eines eleganten Tanzes aus dem 18. Jahrhundert. Die Satire besteht hier darin, wie Prokofieff fortwährend die Tonart wechselt.

Allein in dieser ersten Phrase ist er durch drei verschiedene Tonarten gewandert. Und dann im letzten Takt macht er ein musikalisches Wortspiel. Ihr wißt, was ein Wortspiel ist – man gibt einem Wort gleichzeitig zwei Bedeutungen oder man unterlegt ihm die eine Bedeutung, wenn die andere erwartet wird. So etwas Ähnliches macht Prokofieff in der letzten Phrase der Melodie:

Ihr seht, er führt uns dazu, folgendes zu erwarten:

Statt dessen schlägt er uns ein Schnippchen und macht es so:

Seht ihr, wie geschickt er das Wortspiel fabrizierte?

Durch diesen hübschen, eleganten Scherz haben wir wieder etwas, das unvereinbar scheint. Denn die altmodische Gavotte und diese eigenartigen, zweideutigen Harmonien passen einfach nicht zusammen; und wenn ihr sie nebeneinander stellt, so ergeben sie ein komisches Paar wie Pat und Patachon. Das ist reine Satire und außerdem ein sehr schönes Musikstück. Und weil es schön ist, ist es nicht Parodie, sondern Satire. Ebenso wie die bekannte Satire in der Literatur, *Gullivers Reisen*, auch ein sehr schönes Buch ist. Ich erwarte nicht, daß ihr Tränen lacht, wenn ihr die Symphonie einmal hören werdet, aber ich hoffe, ihr werdet ebenfalls ein wenig Spaß daran haben, so wie ich, als ich fünfzehn war.

Doch das vielleicht in sich widerspruchsvollste Werk schrieb Gustav Mahler, der einen ganzen Satz seiner *Ersten Symphonie* schuf aus dem euch sicher bekannten Kanon «Frère Jacques»:

Er setzte nämlich die Melodie in Moll, so daß das fröhliche Liedchen auf einmal sehr düster und traurig klingt:

Nachher läßt er es noch schwermütiger und noch trauriger (und damit noch widerspruchsvoller) werden, indem er es in einem Trauermarschtempo spielen läßt, und zwar zuerst als Solo von dem sehr düster klingenden Kontrabaß und dann von allen schwermütig klingenden Instrumenten, die er sich nur ausdenken konnte.

Es mag sich seltsam anhören, wenn man sagt, daß ein Trauermarsch lustig klingt, aber es ist lustig, denn wir wissen, daß sich in Wirklichkeit unser fideler Freund «Frère Jacques» hinter dieser schwarzen düsteren Maske verbirgt.

Aber jetzt schlüpfen wir allmählich von der Satire in die Parodie hinein – in den musikalischen Spaß um des Spaßes willen. Deshalb sind Gilbert und Sullivans Operetten so lustig; sie karikieren den Stil der ernsten Oper; aber weil ihre Opern nicht ernst sind und ihre Personen irgendwie dumme Figuren, scheint der ernste Opernstil dazu nicht recht zu passen und wirkt darum lustig.

Wir begannen unser Gespräch über den Humor in der Musik auf einer sehr hohen Ebene, bei Haydn, Prokofieff und Mahler, den bedeutendsten Vertretern der Satire. Gehen wir jetzt auf ein weniger anspruchsvolles Gebiet des musikalischen Humors über – zur Parodie und Karikatur – und noch weiter hinunter, zur Burleske, die nichts als Clownerie ist. Diese Art des Humors haben manche von uns am liebsten: etwa wenn ein Mann auf einer Bananenschale ausrutscht. Das ist bei einer Schau immer noch der größte Spaß. Wie kommt das? Wieso können wir lachen, wenn jemand zu Boden fällt?

Hier kommen wir zum Kernpunkt allen Humors: Alle Witze müssen auf Kosten einer Person oder einer Sache gehen. Etwas muß verletzt oder zerstört werden, um uns zum Lachen zu bringen – die Würde eines Mannes, eine Idee, ein Wort oder die Logik selbst.

Irgend etwas geht verloren, und meistens ist es der Sinn, der zuerst draufgeht – deswegen kommt es, wie wir schon sagten, zum Unsinn. Wir gehen in den Zirkus und sehen einen Clown, der Feuer fängt und sich selbst mit Wasser begießt. Das ist lustig; wir müssen lachen über die Anstrengungen des Clowns, denn wir wissen, daß es bloß zum Schein passiert und der Clown nicht wirklich in Gefahr schwebt.

Oder wir sehen in der Manege ein kleines Auto, aus dem ein Clown steigt; es folgt ein zweiter, ein dritter, dann noch drei und dann zwölf – es will kein Ende nehmen. Wie hatten sie nur alle Platz in dem kleinen Auto? Das ist doch unmöglich. Wir müssen immer mehr lachen, je mehr Clowns aus dem Auto aussteigen. Das Ganze ist einfach komisch, aber wieder lachen wir auf Kosten von etwas, nämlich der Logik.

Deshalb lachen wir seit Jahren über Stan Laurel und Oliver Hardy, über Charlie Chaplin und über die Marx-Brothers. Sie machen Quatsch mit der Logik, sie pfeifen auf den gesunden Menschenverstand und bringen uns ebenso zum Lachen wie der Mann, der auf der Bananenschale ausrutscht.

Aber wie kann man dieses zerstörende Element im Humor in der Musik anwenden? Der Sinn der Musik ist genauso leicht zerstörbar wie die Logik im Zirkus oder im Kino. Mozart tat so etwas bereits vor langer Zeit in seinem bekannten Stück *Ein musikalischer Spaß*, welches damit endet, daß alle Instrumente gräßlich falsche Noten spielen. Nach diesem Stück von Mozart haben verschiedene Komponisten dasselbe versucht. Falsche Noten sind das beste Mittel, Spaß in die Musik zu bringen; doch müssen sie mit richtigen Noten zusammen gespielt werden, um falsch zu klingen. Als Beispiel denkt an unseren Versuch mit der Melodie «Shave and a Haircut – Two bits».

Wieder geht es um den Widerspruch. Es braucht echten Sinn für Humor, damit es gelingt und ein rechter Spaß wird. Der moderne russische Komponist Schostakowitsch ist ein Meister dieser Art von Musik mit falschen Noten. In der bekannten Polka aus seinem Ballett *Das goldene Zeitalter* gibt es eine Menge solcher absurder Melodien, wie zum Beispiel diese:

Noch lustiger wird es dadurch, daß er die Kuckuckstöne von sehr übertrieben klingenden Instrumenten spielen läßt; von der tiefen Baßtuba, von der hohen Piccoloflöte und vom Xylophon. Dadurch klingt es noch mehr wie ein echter Kuckuck.

Auch der amerikanische Komponist Aaron Copland bringt uns zum Lachen, indem er die Logik aufhebt. In seiner «Burleske» aus der *Music for the Theatre* verfremdet er nicht so sehr die richtigen Töne als vielmehr die exakten Rhythmen. Im Moment, wo man erwartet, daß seine Musik ausgewogen, ja symmetrisch klingt, verliert sie ihr Gleichgewicht.

Diese Musik fällt ständig hin und fängt sich wieder auf, doch ganz zum Schluß gleitet sie zum letztenmal hin und bleibt einfach mit einem ganz dummen Gesicht stehen:

Zum Teil entsteht in diesem Stück von Copland der Humor dadurch, daß die tiefen Streichinstrumente und die Posaune, vor allem aber das Fagott tiefe unzivilisierte Töne hervorbringen.

Das Fagott wurde schon immer der Clown des Orchesters genannt (ich weiß nicht, warum – ich finde, es kann ziemlich schwermütig klingen).

Das vielleicht berühmteste Beispiel für die Clownerie eines Fagotts ist die bekannte Melodie aus dem *Zauberlehrling* von Paul Dukas.

Rasch

etc.

Seit dieses Zauberer-Thema für das Fagott geschrieben wurde, haben Komponisten von Filmmusik immer wieder das Fagott benutzt, um die Späße herauszublubbern, wenn sie komische Effekte brauchen. Daraus hat sich eine neue «Kunst» im Micky-Maus-Stil gebildet, in der die Musik der Handlung genau folgt, Schritt für Schritt. Ihr habt es alle schon gehört: Immer wenn Pluto in einen Baum rast oder Donald Duck aus einer Kanone geschossen wird.

Aber man hört Micky-Maus-Musik nicht nur in Micky-Maus-Filmen. Es gibt sie ebenso in richtigen Filmen. Stellt euch einen Mann vor, der spät nachts, mit den Schuhen in der Hand, in sein Haus schleicht, und ich wette hundert gegen eins, daß ihr dann auch ein Fagott hört.

Es ist Kunst – eine Kunst der Nachahmung, wie man sie in Rameaus Stück von der Henne hört. Aber es ist keine sehr hohe Kunst.

Nachdem wir so auf die tiefste Ebene des musikalischen Humors heruntergesunken sind, wollen wir uns wieder auf höheres Niveau erheben und zum Schluß über bedeutenden symphonischen Humor sprechen.

Diese Art des Humors braucht nicht komisch zu sein. Nicht jeder Humor ist unbedingt lustig. Es gibt so etwas wie normal gute Stimmung, was nicht mehr heißt, als daß man einfach guter Laune ist.

135

Denn «Humor» ist ein seltsames Wort. Ursprünglich heißt es – auf lateinisch – «Flüssigkeit», eine wäßrige Substanz, und von daher kam es zu der Bedeutung *feucht*. Früher glaubten die Ärzte, daß die Menschen vier Flüssigkeiten im Körper hätten, die bewirkten, daß sie unterschiedlich fühlten und handelten: Da war das Blut, das sie kraftvoll machte; Phlegma, das sie müde und faul werden ließ; dann Galle, durch die sie ärgerlich wurden; und schließlich Melancholie, die den Menschen – ihr erratet es – melancholisch, traurig machte. Später war dann das Wort «Humor» nicht mehr die Bezeichnung für eine Flüssigkeit, sondern für die Laune, in die sie den Menschen versetzte: energisch, müde, ärgerlich oder traurig. Ihr wißt, es gibt gute und schlechte Laune.

Symphonischer Humor muß nicht unbedingt lustig sein, eher geistreich, verspielt oder verschmitzt. Gewöhnlich findet man diese Art von Humor im *Scherzo*-Satz einer Symphonie. Das italienische Wort «Scherzo» bedeutet Scherz, Spaß; in der Musik aber bezeichnet es ein Stück, das verspielt, beschwingt oder in irgendeiner Weise humorvoll ist. Fast jede Symphonie enthält eine Art Scherzo – meistens ist es der dritte Satz. In den Symphonien von Mozart und Haydn bestand der dritte Satz meistens aus einem Menuett, graziös und elegant im gemäßigten Dreivierteltakt wie ein Walzer. Aber dann kam Beethoven, der das Menuett übernahm, das Tempo aber erhöhte, bis es klang wie ein Walzer auf einem rasenden Grammophon.

So wurde aus dem Menuett ein Scherzo. Beispiele dafür finden sich in Beethovens sämtlichen Symphonien, die ihr euch einmal daraufhin anhören solltet.

Die Anregung Beethovens haben die Komponisten aufgenommen und seither allerhand Veränderungen mit der Scherzo-Idee vollbracht: Sie verlangsamten manchmal wieder das Tempo oder sie komponierten das Scherzo als zweiten Satz, oder sie setzten es in einen Zweiviertel- oder Sechsachteltakt. Zum Beispiel in Brahms' *Vierter Symphonie* steht das Scherzo im Zweivierteltakt und klingt überhaupt nicht wie irgendein jemals vorher komponiertes Scherzo. Doch nur dadurch, daß es der dritte Satz ist, daß es verspielt, kraftvoll, kurz – wie alle «Scherze» sein sollten –, voll Humor ist, wird es überhaupt zum Scherzo.

Das beweist uns, daß es alle Arten von Humor in der Welt wie auch in der Musik gibt, und daß Humor uns nicht unbedingt zum Lachen bringen muß. Er kann ernst und gewichtig sein, wie in *Gullivers Reisen*, und er kann uns in höchste Erregung versetzen. Aber dennoch ist es Humor, weil er bewirkt, daß wir uns innerlich *wohl* fühlen. Und das ist ja auch die Aufgabe der Musik.

Was ist ein Konzert?

Wenn jemand erstaunt sein sollte über das kleine Orchester, das heute auf dem Podium sitzt – keine Sorge. Die Philharmoniker liegen nicht etwa mit Grippe im Bett. Gleich werden auch die anderen auf der Bühne erscheinen, und gleich werdet ihr begreifen, warum wir unser heutiges Programm in einer so kleinen Besetzung anfangen.

Dies ist unser letztes Konzert in dieser Saison, und immer wenn etwas zu Ende geht, fragen sich die Leute: «Was machen wir hier eigentlich? Was haben wir erreichen wollen? Und haben wir es auch erreicht?», eben lauter Fragen, wie sie sich wohl jeder von uns manchmal stellt. Zwischen den Jahren gehen die Menschen in sich, ziehen Bilanz über ihr Leben und ihre Arbeit im abgelaufenen Jahr und überlegen, was zu ändern ist und welche guten Vorsätze sie fürs neue Jahr fassen sollten.

Meine große Frage lautet: Ist es uns gelungen, euch die ernste Musik etwas näherzubringen? Fangt ihr an, sie ein bißchen besser zu verstehen und keine Angst mehr vor ihr zu haben? Die meisten meiner jungen Freunde, die ich frage, sagen: Ja, sie hätten jetzt mehr von der Musik, und sie mache ihnen mehr Spaß. Sie haben also gemerkt, daß Musikhören gar nicht so anstrengend und ungewohnt ist, auch nicht kompliziert oder fade und keineswegs nur etwas für Erwachsene. Eines aber macht ihnen allen Schwierigkeiten, und das sind die musikalischen Fachwörter, beispielsweise *Reprise, Fuge, Rondo, Andantino, Sinfonietta, gis-Moll*, die *Umkehrung des zweiten Themas im Krebs und in der übermäßigen Quinte* und ähnliches Kauderwelsch.

Ich habe mich bemüht, solche Ausdrücke möglichst zu vermeiden, und wo es nicht ohne sie ging, sie so deutlich wie möglich erklärt. Aber ein paar Fachwörter lassen sich nicht im Handumdrehen erläutern; man muß sich mit ihnen beschäftigen, und vor allem muß man eine Weile der Musik zuhören, die durch sie beschrieben wird, bis man wirklich dahinterkommt, was sie bedeuten. Eines dieser Wörter, die immer wieder Kopfzerbrechen machen, ist das Wort «Konzert» oder, auf italienisch, Concerto, über das man wirklich Bescheid wissen sollte. Es ist ein ganz schlichtes italienisches Wort, aber es kann, wie wir bald sehen werden,

vielerlei bedeuten. In der Musik bedeutet «Konzert» zunächst einmal die Gemein-
schaft von Musikern, die zusammenkommen, um gemeinsam zu singen oder auf
ihren Instrumenten zu spielen.

Seit man Musik für Zuhörer komponiert, beispielsweise für euch, haben die
Komponisten ihre Musikstücke mit dem Wort «Konzert» bezeichnet. Das konnten ganz verschiedene Arten von Stücken sein, die wir heute vielleicht gar nicht
mehr so nennen würden. Ihr seht, daß man Fachwörter ziemlich locker verwenden kann. Die unterschiedlichsten Musikstücke hat man *Symphonien* oder *Sonaten* genannt: «Symphonie» heißt eigentlich nichts weiter als «Zusammenklin-
gen», und «Sonate» ist nichts weiter als etwas, was klingt.

Aber mit den Jahren fing man an, diese Dinge etwas deutlicher auszudrücken.
Eine Sonate hieß ein Stück für ein Soloinstrument, für eine Geige oder ein
Cembalo, für Flöte oder Laute oder Cello, mit oder ohne Begleitung eines Klaviers
oder Cembalos. Nun wird unsere Suche nach den richtigen Ausdrücken schon
einfacher. Was ist wohl ein *Trio*? Einfach eine Sonate für drei Instrumente. Dann
gibt es das *Quartett*, eine Sonate für vier Instrumente, egal für welche. Die

BASS-OBOE

THEORBE

MANDOLINE

TRUMSCHEIT

nächsten beiden könnt ihr leicht erraten. Ein *Quintett* ist für wie viele Instrumente? Und für wie viele ist wohl ein *Oktett* geschrieben?

Richtig, für fünf und für acht Instrumente. Und wenn wir weitergehen – das ist jetzt sehr wichtig –, dann sehen wir, daß man eine Sonate für ein ganzes Orchester eine Symphonie nennt. Ist doch ganz einfach, nicht wahr? Und eine Symphonie, in der ein Solist oder eine Gruppe von Solisten, also von Einzelspielern, dem Orchester gegenüberstehen, nennt man ein Konzert. Da haben wir's; war doch gar nicht so schwer.

Nachdem wir das jetzt wissen, können wir alles übrige herausfinden, indem wir uns die verschiedensten Solokonzerte anhören oder in den Noten mitlesen. Wir werden zurückgehen bis in die frühen Tage der Barockzeit von Bach und Händel, als die Bezeichnung «Konzert» noch ziemlich locker gebraucht wurde und fast alles bedeuten konnte. Damals gab es aber eine musikalische Form, die man *Concerto grosso* nannte, was italienisch ist und eigentlich «großes Konzert» heißt. Man bezeichnete damit – meist dreisätzige – Musikstücke, in denen ein groß besetztes Orchester und eine kleinere Gruppe von Spielern musizierten, so, wie die Erde durch das Weltall fliegt mit dem kleinen Mond um sich herum.

Gewiß ist das gemeinsame Musizieren – die Vorstellung des Miteinanders – für die Musiker in einem großen Orchester eine feine Sache. Aber denkt nur ein bißchen weiter, und ihr merkt, daß sie ja nicht immerfort alle zusammen spielen können, weil das auf die Dauer langweilig wäre, immer derselbe Klang ohne Abwechslung. Und deswegen haben sich die Komponisten eine kleine Gruppe einfallen lassen, die sie *Concertino* nannten, die neben dem richtigen Orchester spielt. Und sie ließen sie abwechselnd ihre Themen spielen: erst das Orchester, dann das Concertino, dann nur einen oder wenige von der kleinen Gruppe, dann das Orchester wieder, dann alle zusammen und so fort.

Das bringt Farbigkeit, Abwechslung und Gegensätze und hält unser Interesse wach. Und es gibt der kleinen Instrumentengruppe die Möglichkeit zu zeigen, was sie kann. Diese Art von Konzerten hat der Italiener Antonio Vivaldi zu Hunderten komponiert, für alle möglichen Instrumente.

Vivaldi war ein wunderbarer Komponist, dem die musikalischen Ideen niemals auszugehen schienen und nicht die Instrumente, für die er schrieb. Über dreißig Jahre seines Lebens war er Musiklehrer an einem Waisenhaus für Mädchen, wo er einen vortrefflichen Frauenchor leitete und ein kurioses Orchester mit den verschiedensten Instrumenten, die die Mädchen zufällig spielen konnten. Das gab ihm die Möglichkeit, für die eigenartigsten Kombinationen von Instrumenten zu schreiben. In einem meiner Lieblingskonzerte von Vivaldi kommen zwei Solomandolinen vor.

Das ist ziemlich ungewöhnlich. Vivaldi setzt in diesem Stück noch andere

Instrumente ein, die es zum Teil heute gar nicht mehr gibt. Das sind die beiden Theorben: eine Art von Gitarre mit langem Hals (wenn wir dieses Stück heute aufführen, benutzen wir an ihrer Stelle Harfen). Dann die beiden Trumscheite: große Dinger mit nur einer dicken Saite, die einen einzigen Ton, ziemlich laut, erzeugen konnten, was wie eine unsauber geblasene Trompete klang (heute spielen wir die Partien auf einer richtigen – und hoffentlich sauber geblasenen – Trompete). Dann gibt es zwei Baß-Oboen (anstelle der damals schon ausgestorbenen *Salmo,* einer Art Schalmei) und schließlich noch zwei gewöhnliche Flöten. Diese Instrumente bilden das Concertino, und das Orchester setzt sich aus dem Cembalo und den üblichen Streichern zusammen, wobei eine Violine und ein Violoncello Solopartien übernehmen. Der italienische Titel nennt sie alle: *Concerto in D-Maggiore per due flauti, due tiorbe, due mandoline, due salmoè, due violini in tromba marina e violoncello, Opus 64.*

Das alles ergibt eine bunte Mischung von Instrumenten; das Orchester ist allerdings im Vergleich zu den heutigen noch klein. Auf einem großen Konzertpodium würde es ziemlich verloren aussehen; aber diese dreiundzwanzig Instrumente produzieren einen köstlichen Klang. Es ist eine ganz herrliche Musik; ihr müßt sie euch einmal anhören.

Zu der Zeit, als Vivaldi in Italien diese Konzerte komponierte, schrieb der große Johann Sebastian Bach in Deutschland ganz andere Konzerte. Unter ihnen sind sicherlich die sechs *Brandenburgischen Konzerte* die berühmtesten. Schauen wir uns einmal den letzten Satz aus dem fünften Konzert, dem bekanntesten, etwas genauer an. Das Orchester ist größer geworden; das Podium füllt sich allmählich. Das Eigentümliche aber ist, daß das Concertino, die Solistengruppe, um so kleiner wird, je größer das Orchester geworden ist. In Bachs *Fünftem Brandenburgischen Konzert* haben wir nur noch drei Solisten: die Violine (fast überall findet man in der Musik von damals eine Sologeige), eine Soloflöte und das Cembalo.

In diesem letzten Satz kann man deutlich erkennen, was ich mit der Abwechslung der Klangfarben gemeint habe: Das Thema wandert von der Geige über die Flöte zum Cembalo, dann ins Orchester und dann – nun, seht doch selbst:

Die Musikgeschichte schreitet fort. Wir kommen in das Zeitalter der Klassik, zu Mozart und Haydn. Das Orchester wird immer größer, und je mehr es wächst, um so kleiner wird das Concertino. Und warum? Weil die Virtuosität der Solisten eine immer größere Rolle spielt.

Die Anzahl der Solisten im Concertino war also immer kleiner geworden, aber jeder einzelne hatte immer Wichtigeres zu spielen. Und da sind wir schon bei Mozart und seinem herrlichen Konzert für nur zwei Soloinstrumente, für Geige und Bratsche. (Wie wir schon gesehen haben, scheint man damals ohne die Geige gar nicht ausgekommen zu sein.) Diese beiden Solisten können wahrlich zeigen, was sie können! Natürlich hat das Orchester auch ein Wort mitzureden, aber meistens begleitet es nur die beiden Solisten, die in diesem Stück den Ton angeben. Bei diesem Beispiel handelt es sich um eine *Sinfonia concertante*, eine Symphonie mit konzertierenden Solisten. Alles klar?

Der größte Augenblick für die beiden Solisten kommt am Ende des zweiten Satzes, wenn das Orchester zu spielen aufhört, und unsere beiden Solo-Helden in der *Kadenz* endlich zeigen können, was in ihnen steckt. Dieses Wort solltet ihr euch merken; es bezeichnet eine lange Pause vor den Schlußakkorden, in der der Solist oder die Solisten ihr virtuoses Können vorführen dürfen. Das Schöne an diesem herrlichen langsamen Mozart-Satz ist, daß auch die Kadenz noch so voller schöner Ideen steckt – nicht nur virtuoses Feuerwerk, sondern große, tief bewegende Musik:

Vln.
Vla.
etc.

Bislang haben wir Konzerte kennengelernt, in denen verschieden große Gruppen solistisch hervortreten – von Vivaldi mit seinem vielköpfigen Concertino bis zu Mozart mit nur zwei Solisten. Wohin wird das noch führen? Offensichtlich dahin, daß wir nur noch einen Solisten haben – einen Pianisten, einen Geiger, einen Flötisten und so weiter. Aber immer nur *einer* ist der Star, der Virtuose, der Jascha Heifetz, der Van Cliburn, der Pablo Casals, um nur je einen berühmten Geiger, Pianisten und Cellisten zu nennen. Zu Mozarts Zeit war das Solokonzert schon ziemlich weit entwickelt, vor allem für das Klavier, für das Mozart allein siebenundzwanzig Konzerte komponierte! Danach kam Beethoven und schrieb fünf Konzerte für Klavier und Orchester, Brahms nur zwei, und viele Komponisten nach ihnen steuerten ebenfalls Klavierkonzerte bei, nicht zu reden von den vielen großen Violin- und Cellokonzerten. Das Solokonzert hat sich bis heute gehalten, und es gibt wohl kaum ein großes Orchester, das nicht auch bedeutende Solokonzerte auf seine Programme setzt.

Natürlich lauert beim Solokonzert eine Gefahr: daß es immer mehr zum Schaustück für den Virtuosen wird. Wie viele Konzerte gibt es, in denen das Virtuose, das technische Können eine wichtigere Rolle spielt als der musikalische Gehalt! In manchen Violinkonzerten (die ich aber nicht nennen will) ist die Solo-Kadenz am Ende des ersten Satzes das Wichtigste: Endlich ist der Solist allein auf weiter Flur und kann alle technischen Tricks, die er beherrscht, zeigen wie ein Olympiakämpfer. Solche Stücke werden dann als «geigengerecht» bezeichnet, was nur bedeutet, daß der Solist auf seinem Instrument eine große Show abziehen kann. Und manche schrecklichen Klavierkonzerte werden als besonders «pianistisch» angepriesen, und bei Cellokonzerten ergeht es uns ähnlich. Aber Komponisten wie Mozart, Beethoven, Brahms, Schumann, Tschaikowsky, Ravel, Strawinskij und Bartók halten die Fahne hoch, weil sie Konzerte komponiert haben, in denen die Solisten ihr virtuoses Können herrlich zeigen können und die dennoch große Musik sind.

Eines der bedeutenden Violinkonzerte ist das von Felix Mendelssohn-Bartholdy. Hier kann der virtuose Solist mit einer Musik glänzen, die blendende «geigerische» Elemente besitzt und die dennoch ganz ernst und tief ist. Das Orchester ist inzwischen zu voller Größe angewachsen, die Musiker haben jetzt mehr Interessantes zu tun und müssen nicht mehr nur den großen Virtuosen begleiten, der seinerseits eine Menge kniffliger Dinge zu meistern hat. Hier kommt ein kleines «Feuerwerk» aus dem letzten Satz des Mendelssohn-Konzerts:

In unserem Jahrhundert haben sich die Komponisten häufig auf die Idee des alten Concerto grosso besonnen. Nicht daß sie keine Solokonzerte mehr komponierten; da gibt es noch immer Dutzende. Sie sind nur immer länger und wuchtiger geworden, so daß mancher Komponist begann, sich nach den einfacheren Formen früherer Zeiten zurückzusehnen. Diese Komponisten hat man «Neoklassiker» genannt, und wir haben eine neue Form von Konzert bekommen: das Konzert für Orchester, das, wie wir gesehen haben, im Grunde eine alte Sache ist, die man wiederausgegraben hat. Diese Konzerte sind freilich für riesige moderne Orchester geschrieben, so daß man mit ihnen viel größere Effekte erzielen kann als mit den Orchestern zu Bachs und Vivaldis Zeiten. Solche Konzerte für Orchester haben Ernest Bloch, Walter Piston, Igor Strawinskij, Paul Hindemith und viele andere komponiert. Aber das effektvollste und schönste ist wohl das des großen ungarischen Komponisten Béla Bartók.

Sein *Konzert für Orchester* zeigt (oder sollte ich sagen: beleuchtet) jede Gruppe innerhalb des großen Orchesters, so daß jeder Musiker Gelegenheit erhält, sich im besten Licht zu zeigen. In dem ganz kurzen, nur vier Minuten dauernden vierten Satz dieses Konzerts kann man alle folgenden Instrumente solo spielen hören: zuerst die Oboe, dann die Flöte, dann die Klarinette, dann das Horn – alle dasselbe Thema:

Danach hören wir eine romantische Melodie in den Bratschen, die von den Geigen wiederholt wird. Ein neues, lustiges Thema erklingt in der Klarinette, und Posaunen-Soli fahren in die Tiefe wie ein Tier, das sich im Käfig duckt, was mit einem drohenden Tuba-Solo beantwortet wird. Dann hat die Flöte Zeit zu einer Solokadenz, und auch die Piccolo-Flöte will noch ein bißchen mitreden. Das alles in vier Minuten, und fast jeder ist einmal dran. Im fünften Satz, dem letzten, bekommen sie alle mächtig zu tun, vor allem die Streicher, die um ihr Leben spielen müssen, und zwar in einem unglaublich raschen Tempo. Und dann spielen sie wirklich alle auf einmal. Das ist erstrangige Musik unserer Zeit, ein herrliches, aufregendes Stück. Und das demokratischste, das sich denken läßt: ein Konzert für hundert Solisten.

Volksmusik im Konzertsaal

Volkslieder und Volkstänze sind sicherlich der Kern, der Anfang aller Musik. Ihr würdet staunen, wenn ihr wüßtet, wie häufig die große, komplizierte Konzertmusik, die wir kennen, geradewegs aus dem Volkslied oder -tanz herauswächst.

Hier zum Beispiel ist eine hübsche Melodie, die wohl ein Volkslied sein könnte:

Irgendwie klingt diese Melodie wie ein Volkslied, wie eine Weise, die mehrere Leute zusammen auf einer Wanderung oder rund um ein Lagerfeuer singen. Aber sie wird bei keiner dieser Gelegenheiten gesungen. Sie wird sogar überhaupt nicht gesungen. Sie ist für eine Klarinette geschrieben und stammt aus einer Symphonie von Mozart.

Jetzt seid ihr sicher erstaunt, weil sie so einfach und natürlich klingt und keine schwierige und großartige Musik ist, wie wir es in einer Symphonie erwarten. Und darauf will ich eben hinaus: Fast jede symphonische Musik hat auf die eine oder andere Art Elemente der Volksmusik in sich.

Was ist denn eigentlich Volksmusik? Sie erzählt uns etwas über die Natur eines Volkes, einer Nation oder

Rasse. Man weiß fast immer etwas über ein Volk, wenn man seine Lieder kennt. Die meisten Leute denken, daß diese Art von Musik einfach von selbst entstand, ganz ohne Komponisten. Das stimmt nicht, denn ein Volkslied oder -tanz wurde immer von irgend jemandem komponiert, nur wissen wir meistens nicht von wem. Jemand schrieb die Noten vielleicht auf; zumindest erfand er eine Melodie, und sie wurde über Hunderte von Jahren von Vätern an Söhne und von Müttern an Töchter überliefert, ohne daß es notwendig war, sie aufzuschreiben.

Die meisten Volkslieder, die wir kennen, entstanden vor langer Zeit, als die Völker der Erde weiter voneinander entfernt lebten und ihre Eigenarten und verschiedenen Bräuche leichter voneinander zu unterscheiden waren. Manchmal lassen diese Lieder etwas vom Klima eines bestimmten Landes spüren, manchmal erzählen sie etwas von seiner Landschaft; oder sie berichten sogar von dem, was die Leute tun, ob sie Hirten, Cowboys oder Bergarbeiter sind.

Sehr wesentlich aber ist, daß die Volkslieder den Rhythmus, die Betonung und das Tempo, überhaupt die Art und Weise wiedergeben, wie die Menschen eines Volkes sprechen. Das bedeutet, daß ihre Sprache – besonders die ihrer Dichtung – sich in die Noten der Musik umsetzt, und schließlich gehen diese Sprachrhythmen und Eigenarten von der Volksmusik in die Kunstmusik, in die Oper oder Konzertmusik eines Volkes über. Deswegen klingt Tschaikowsky russisch, Verdi italienisch und Gershwin amerikanisch.

Dies alles entsteht durch die Volksmusik, die sich wiederum in erster Linie aus der Sprechweise der Menschen entwickelt. Darauf müssen wir ganz besonders achten.

Hört zunächst ein ungarisches Volkslied, das so beginnt:

Woher wissen wir sofort, daß es eine ungarische Melodie ist? (Abgesehen natürlich von der Tatsache, daß es einen ungarischen Text hat.) Deswegen, weil die ungarische Sprache eine besondere Eigenart hat: Fast alle Worte sind auf der ersten Silbe betont. JÖjjön HAza EDes AMjam. Wenn ein Ungar eine fremde Sprache spricht, kann man ihn fast immer daran erkennen. Dieselbe Betonung kommt in natürlicher Weise auch in der Musik heraus:

JÖ - jjön HA - za E - des A - nyam ___

– alle AKzente sind am BEginn.

So ist es ganz natürlich, daß ein bedeutender ungarischer Komponist wie Béla Bartók seine Musik mit denselben Akzenten schreibt. Hört euch nur dieses Stück aus Bartóks schöner *Musik für Saiteninstrumente, Schlagzeug und Celesta* an:

Ist es nicht wie eine Folge von Worten in einem Satz, jedes Wort mit einem Akzent am BEginn? Das ist schon keine Volksmusik mehr; sie gehört bereits in den Konzertsaal.

Das gilt für alle Musik. Sie erwächst aus der Volksmusik, und diese aus der Sprache eines Volkes. Betrachten wir zum Beispiel die Franzosen. Das Französische ist eine Sprache, die fast keine starken Akzente kennt. Beinahe jede Silbe ist gleich – nicht in der Länge, sondern in der Betonung. Ein Franzose würde mich so vorstellen: «Permettez-moi des vous présenter Monsieur Bernstein», und dabei jeder Silbe die gleiche Betonung geben. Sobald ihr jemand sagen hört: «PerMET-tez-MOI de vous PREsenTER MonSIEUR BERNstein», dann wißt ihr, daß er kein Franzose ist.

Die gleiche Art der Betonung zeigt sich ebenso klar in der französischen Volksmusik. Kennt ihr dieses hübsche französische Volkslied?

Il é - tait un pe - tit na - vi - re, Il é - tait un pe - tit na - vi - re, Qui n'a - vait ja - ja - ja - mais

na - vi - gué, qui n'a - vait ja - ja - ja - mais

na - vi - gué, o - hé - o - hé!

Hört ihr, wie gleichmäßig alle Silben sind? Es gibt keine Akzente, sondern nur ganz natürliche Betonungen, die dadurch entstehen, daß manche Silben länger ausgehalten werden als andere. Aber dennoch wird kein Ton besonders stark hervorgehoben wie in dem vorher erwähnten ungarischen Lied. Alles ist eben und gleichmäßig.

Genau dasselbe Gleichmaß hören wir in der französischen Konzertmusik, etwa in dieser Phrase aus einer der *Gymnopédies* für Klavier von Erik Satie:

So ist es mit allen Sprachen. Das Italienische zum Beispiel ist berühmt für seine langen, schönen Vokale, wie hier in dem bekannten Lied «Santa Lucia»:

San - ta - Lu - ci - a, San - ta - Lu - ci - a,

Dieses lange Verweilen auf den Vokalen spiegelt
sich häufig in italienischer Instrumentalmusik
wider, so auch in dieser langen, melodischen Linie
aus Vivaldis *Concerto für Streicher* (F. XI, Nr. 2):

Das Spanische wiederum verweilt nicht so sehr auf den
Vokalen; die Konsonanten sind wichtiger. Wie in diesem
Lied «La Bamba», in dem es heißt, «um den Bamba zu
tanzen, braucht man ein wenig Anmut und noch ein
bißchen was dazu», und so klingt die Volksmusik frisch und rhythmisch wie die
Sprache:

So ist es auch in der spanischen Konzertmusik. Kennt ihr diese scharfen, aufregenden Rhythmen aus Manuel de Fallas Ballett *Der Dreispitz*?

Deutsch ist eine sehr schwere Sprache mit langen Worten und schwierigen Klangverbindungen: «Soll ich schlürfen, untertauchen, süß in Düften mich verhauchen?» ist noch einer der einfacheren Sätze aus Wagners Oper *Tristan und Isolde*. So neigt auch die deutsche symphonische Musik zur Schwere, zur Länge

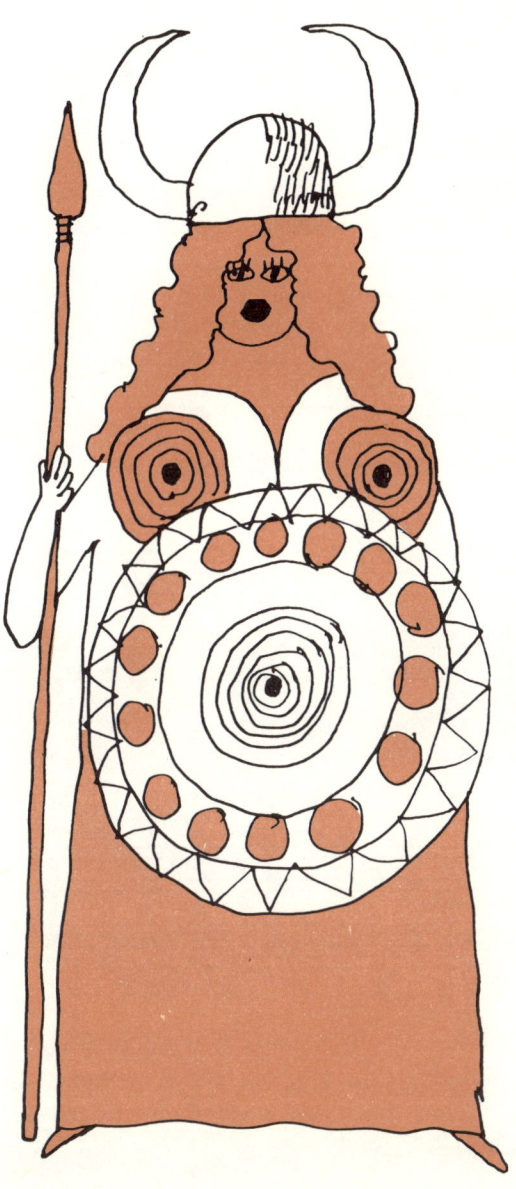

und zu größerer Gewichtigkeit als, sagen wir, die französische oder spanische Musik, wie dieses Thema aus Brahms' *Erster Symphonie* zeigt:

Was England betrifft, so hängt es davon ab, welches Englisch man meint. *Englisches* Englisch ist eine Sache für sich; die Volkslieder aus England sind unverwechselbar – trippelnd und leicht, schnellzüngig wie die britische Sprechweise:

Doch welches Englisch ist jetzt dies?

Natürlich, das ist Cowboy-Englisch. Ihr seht, wie anders auch die Musik ist – träg und schleppend. Und das Englisch, das die Bewohner von New York City sprechen, klingt mit seinen nachlässigen Synkopierungen und seinem robusten Charme wieder anders:

I got the horse right here ___ the name is

Paul Re- vere ___

Diese Eigenart kann man bei allen amerikanischen Instrumentalstücken, die in den Konzertsälen gespielt werden, entdecken, wie zum Beispiel in Gershwins *Klavierkonzert*:

All dies erklärt noch nicht die Melodie von Mozart, mit der wir dieses Kapitel begannen. Aber das ist nicht allzu schwierig. Es ist der Mittelteil des Menuetts, aus dem dritten Satz von Mozarts *Symphonie in Es-Dur*; was die Melodie so reizvoll macht, ist nicht, daß es eine volkstümliche Melodie ist, sondern daß sie wie ein Volkslied klingt. Wir könnten sogar einen Text unterlegen und es dann ein Volkslied nennen:

Doch diesmal stammt die Melodie aus Österreich, und deshalb passen die englischen Worte nicht recht dazu. Die Melodie hat etwas von der saftigen Frische der österreichischen Sprache, und sie tönt an irgendwelche tirolerische G'stanzeln an, die diese Volksmusik so berühmt machen:

Hup - tsa - tsa, Hup - tsa - tsa, Hup - tsa - tsa, Hup - tsa - tsa,

Das Menuett ist Konzertmusik von Mozart, aber es hätte nie geschrieben werden können, wenn nicht vorher die einfache österreichische Volksmusik dagewesen wäre.

Natürlich gibt es häufig Konzertmusik, die tatsächlich Gebrauch von echter Volksmusik macht. Denkt nur an die *Moldau* des tschechischen Komponisten Smetana, an die *Vierte Symphonie* von Tschaikowsky, an die *Sinfonia India* des mexikanischen Komponisten Carlos Chavez oder an die *Symphony Nr. 2* des Amerikaners Charles Ives.

Dieses letzte Stück ist ein hervorragendes Beispiel dafür, denn Ives zitiert nicht nur richtige Volksmelodien, sondern er ahmt auch den Geist der amerikanischen Volksmusik nach, so wie Mozart in seinem Menuett die österreichische Volksmusik.

Charles Ives war ein kauziger alter Yankee, der bis zu seinem Tod 1954 in Danbury, Connecticut, lebte. Das wirklich Erstaunliche ist, daß er seinen Lebensunterhalt nicht mit Komponieren verdiente, sondern als Versicherungsagent. Aber er liebte Musik über alles. Obwohl er nur nachts und an Wochenenden komponieren konnte, war er ein erstklassiger Komponist – vielleicht der erste bedeutende in der Geschichte Amerikas.

Er war auch der erste amerikanische Komponist, der Volkslieder und Volkstänze in seiner Konzertmusik verarbeitete. Das war seine Art, amerikanisch zu sein – er nahm Marschmelodien, Hymnen, patriotische Lieder sowie ländliche Volksmusik und entwickelte daraus große symphonische Werke. Wenn ihr seine *Zweite Symphonie* einmal im Konzertsaal oder von Schallplatten hört, so werdet ihr im letzten Satz selbst Melodien darin finden, die wie Bauerntänze klingen und wie Marschmusik; ja mehr noch, ihr könnt sogar echte Bauerntänze hören wie *Turkey in the Straw*:

und echte Volkslieder wie «Lang, lang ist's her»:

160

und eine echte Melodie von Stephen Foster, *Campton Races*:

und einen echten Jagdhornruf, «Reveille»:

und, zu all dem, ein getreues Zitat aus dem bekannten amerikanischen Lied «Columbia, Perle des Ozeans»:

Es endet wie ein rauschendes Jahrmarktsfest, wie eine Feier des 4. Juli (des Unabhängigkeitstages), wobei ganz zum Schluß das Orchester in wildes Gelächter ausbricht, indem es einen einzigen Akkord spielt, der sämtliche Farben der Palette enthält:

als wollte es sagen: «Tschinbum!!»

So also kann amerikanische Volksmusik klingen, wenn sie für ein Symphoniekonzert in Frack und weißer Weste auftritt!

Was ist Impressionismus?

In diesem Abschnitt wollen wir unsere Aufmerksamkeit hauptsächlich auf eine einzige Komposition richten, ein Stück über das Meer von dem großen französischen Komponisten Debussy. Er schrieb ein Meisterwerk, genannt *La Mer* (Das Meer), und es ist wahrscheinlich das berühmteste Musikstück, das je über das Meer geschrieben wurde.

Als ich noch ein junger Mann in Boston war, konnte ich mir nur schwer vorstellen, daß es Leute gab, die in ihrem Leben noch nie den Ozean gesehen hatten – Leute in Winnipeg etwa, mitten in Kanada. Wenn ich nun jemandem in Winnipeg erklären wollte, wie das Meer aussieht, könnte ich das ganz einfach an Hand von Gegenständen und Tatsachen tun oder indem ich ihm eine Postkarte aus Coney Island schicke. Das aber würde ihm nicht die richtige Vorstellung vom Meer vermitteln, er würde es nicht sehen, riechen oder hören können in seinem ständigen Wechsel zwischen Ruhe, Stürmen, Ausgelassenheit. Unser Freund in Winnipeg braucht einen Eindruck von der See, eine «Impression», nicht nur einfache Tatsachen. Und damit kommen wir zu unserem Thema – *Impressionismus*.

Diese Komposition von Debussy über das Meer nennt man ein *impressionistisches* Musikstück: das heißt, daß es einem keine Tatsachen erzählt, es ist keine realistische Beschreibung, sondern es besteht bloß aus Farbe, Bewegung und *Suggestion*.

Diese Idee verfolgten alle impressionistischen Künstler, ob sie nun Dichter, Maler oder Komponisten waren – nebenbei gesagt, es waren meistens Franzosen. Aus einem ganz bestimmten Grund, den wir hier nicht erklären wollen, war es ein französischer Gedanke, daß man durch reine Vorstellungskraft in der Kunst tiefere Wirkungen erlebt als durch realistische Beschreibung.

Natürlich ist es nicht die Aufgabe der Musik, überhaupt etwas zu beschreiben; sie soll ganz einfach Musik sein und uns begeistern, erfreuen und anregen, allein durch die Töne. (Ich denke, ihr könnt euch daran noch aus unserem dritten Kapitel erinnern.) Aber gelegentlich wurde Musik über Dinge geschrieben, über die Natur, über Erzählungen oder Einfälle, und solche Musik nennt man *Pro-*

gramm-Musik. Impressionistische Musik ist fast immer Programm-Musik, das bedeutet, sie ist Musik über etwas – über eine Landschaft, ein Gedicht oder ein Bild. Die Idee des Impressionismus begann bei der Malerei – bei Franzosen wie Manet, Monet, Renoir und all den anderen berühmten Namen.

Habt ihr schon einmal ein impressionistisches französisches Gemälde betrachtet? Sicher, aber vielleicht wußtet ihr nicht, daß es impressionistisch war. Ihr saht ein Bild, das euch verschwommen oder unscharf erschien, das nicht wie eine «richtige» Darstellung wirkte. Auf dieser Seite unten haben wir ein Beispiel: Ein Bild des berühmten Impressionisten Monet, von der Fassade der Kathedrale in Rouen. Seht ihr, wie verschleiert es ist? Auf den ersten Blick kann man kaum

sagen, was es darstellt. Schaut euch einmal zum Spaß die gewöhnliche Fotografie der gleichen Kathedrale an. Seht ihr den Unterschied?
Hier kann man die harten, klaren Linien erkennen und alle Ecken und Formen. Ein realistischer Maler würde die Kathedrale so wirklichkeitsecht wie möglich malen wollen, mit Licht und Schatten und genauen Umrissen wie die Fotografie. Nicht jedoch Monet, der impressionistische Maler; er will nicht, daß ihr eine Kathedrale seht, sondern das Licht und die Farben selbst, wie sie sich an der Kathedrale widerspiegeln. Es ist fast wie ein Traum von einer Kathedrale, eine Impression, eine Suggestion, wie wir es vorhin schon nannten – zu einer bestimmten Tagesstunde, in einer besonderen Beleuchtung gesehen. Monet malte etwa

dreißig verschiedene Bilder derselben Ansicht in verschiedener Beleuchtung – am hellen Morgen, an einem wolkigen Nachmittag und zu anderen Stunden; unser Bild malte er bei Sonnenuntergang, welcher das Gestein in ein verschwommenes, schillerndes Durcheinander von Blau, Orange und Gelb verwandelte. Es ist eine *Impression* der Kathedrale von Rouen. (Leider können wir die genaue Farbe in diesem Buch nicht wiedergeben, aber schon die Fotografie des Gemäldes gibt euch einen Eindruck von der Verschwommenheit.)

Natürlich unterscheidet sich Musik schon dadurch von der Malerei, daß sie niemals realistisch sein kann. Töne können nie die genauen Ausmaße einer Kathedrale oder die genaue Form irgendeiner Nase angeben. Aber Musik kann auf ihre eigene Weise mehr oder weniger realistisch sein: sie kann zum Beispiel scharfe, deutliche Linien haben wie diese Harmonien:

Merkt ihr, wie verschwommen und unbestimmt dagegen diese Akkorde sind? Das sind eben impressionistische Akkorde.

Musik kann aber auch ein schlichtes, klares Thema haben, wie dieses von Beethoven, das ihr alle kennt:

Das ist klar, deutlich, als würde euer Vater sagen: «Geht zu Bett!»

Dann wieder kann die Musik mit verwischten kleinen Melodiefetzen Bilder in uns hervorrufen wie bei Debussy:

— wie eine Anspielung auf angenehme Träume. Suggestion, versteht ihr? Das ist Impressionismus.

Wir wollen uns jetzt aber mit dem interessantesten Teil beschäftigen und herausfinden, woraus diese seltsamen neuen Klänge des Impressionismus bestehen. Ich sage, *neue* Klänge, obwohl sie schon achtzig Jahre alt sind und so häufig in amerikanischen Schlagern, Hollywood-Melodien und auf Schallplattenarrangements nachgeahmt wurden, daß sie uns ganz normal und alltäglich vorkommen. Aber dennoch sind sie, verglichen mit den Klängen von Bach, Beethoven und Brahms, völlig neu, und geschrieben von einem Meister wie Debussy klingen sie noch heute so neu wie je.

Nun, was für Möglichkeiten dachte sich Debussy aus, um diese Klänge herauszubringen?

Diese Noten stammen aus einem Klavierstück namens *Voiles* (Segel); es malt eine verträumte Impression anmutig gleitender Segelboote in der Nachmittagssonne fern am dunstigen Horizont. Wie bringt er den verschwommenen Klang heraus?

Die Methode, die er anwendet, ist eine der wichtigsten in der impressionistischen Musik. Er benutzt Ganztöne. Wißt ihr noch, was ein Ganzton ist? Er besteht aus zwei Halbtönen. Wenn ihr bedenkt, daß der Schritt von jeder Taste auf dem Klavier zur nächsten, gleich ob schwarz oder weiß, ein Halbtonschritt ist, dann wißt ihr auch noch, daß die ganze Tastatur des Klaviers nur aus Halbtönen besteht, aus einem nach dem anderen.

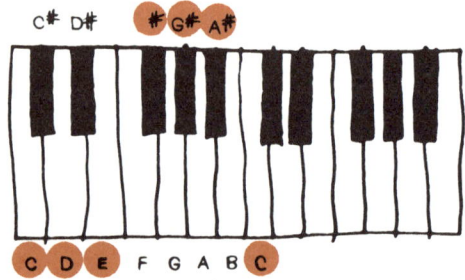

Aus diesen Halbtönen besteht unsere chromatische Skala:

Wir können auch alle anderen Skalen bauen, etwa eine gewöhnliche Dur-Tonleiter, die einige Ganz- und einige Halbtöne enthält:

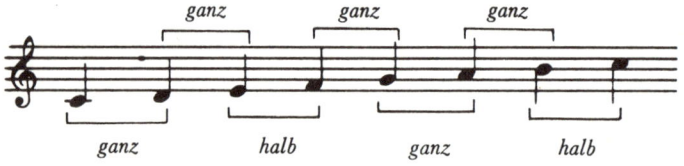

Wenn wir aber mit der gleichen Note beginnen und *nur* Ganztöne benutzen, dann haben wir Debussys Tonleiter:

die – ihr könnt es hören, wenn ihr sie spielt – viel unbestimmter und weniger endgültig klingt als die gewöhnlichen Tonleitern. Daraus hat Debussy seine köstliche kleine Impression nebelhafter Segelboote in der Dämmerung geschaffen, die im Dämmerlicht leicht dahingleiten, ohne feste Umrisse:

Allerdings ist das keine großartige Melodie, die ihr pfeifen könnt. Debussy schrieb selten lange, fortlaufende Melodien wie Schubert oder Tschaikowsky; ihn interessieren mehr die kleinen Bruchstücke einer Melodie, die eine Atmosphäre schaffen können. Aber hier haben wir eine Ausnahme: Dieses kleine Stück hat eine wirkliche Melodie:

Welche Vorstellung weckt diese Melodie in euch? Welches Bild schwebt euch vor, wenn ihr sie hört? Sie handelt von einem flachshaarigen Mädchen (*La fille au cheveux de lin*), und ich nehme an, von einem sehr jungen Mädchen, denn die Musik ist so einfach, kindlich und rein; vielleicht ist es ein Bauernmädchen, ein Hirtenmädchen oder etwas Ähnliches. Aber der musikalische Vorgang, durch den diese Musik so reizvoll klingt, ist der, daß eine andere besondere Tonleiter benutzt wurde, die *pentatonische* Skala. Das heißt, daß diese Skala aus fünf Tönen besteht – pentatonisch:

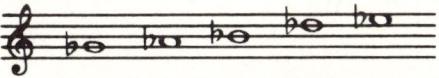

Ihr könnt diese kurze Skala leicht finden, indem ihr auf dem Klavier nur die schwarzen Tasten spielt.

Das ist eine sehr alte Skala, die seit Jahrhunderten in der Volksmusik der ganzen Welt benutzt wird. Ihr wißt sicher, daß die chinesische Musik auf dieser Tonleiter aufgebaut ist, ebenso schottische Dudelsackmusik und die Musik der Neger und Indianer:

So ist es ganz logisch, für volkstümliche, ländliche Musik die schwarze Tastenskala zu benutzen wie Debussy in seinem Stück vom flachshaarigen Mädchen. (Allerdings ist ihm eine *weiße* Taste dazwischengeraten – aber wir wollen es ihm verzeihen.)

Ihr seht, Debussy war ständig auf der Suche nach neuen Farben, neuen Klängen, und deswegen verwendete er jede ungebräuchliche Tonleiter, ob alt oder neu, die ihm zur Verfügung stand. Er ging sogar zurück bis zu den alten griechischen Skalen – oder Modi, wie sie auch genannt werden. Er benutzte sogar die alten Tonarten, die in der Kirchenmusik vor über tausend Jahren üblich waren, etwa den mixolydischen Modus:

Diese Tonart benutzt Debussy in seinem berühmten Klavierstück *La Cathédrale Engloutie*:

Aber nicht nur die ungewöhnlichen Tonarten bewirkten, daß Debussys Musik so anders klingt; er benutzte auch die gleichen Tonarten wie jeder andere – in Dur oder Moll –, jedoch machte er etwas Neues daraus, indem er Akkorde schuf, die noch nie jemand gehört hatte. Er nahm etwa diesen gewöhnlichen Akkord aus drei Noten:

dann vergrößerte er ihn:

fügte *noch* eine Note hinzu:

und *noch* eine:

und *wieder* eine:

bis daraus ein neuer, komplizierter, verwischter und impressionistischer Akkord wurde. Oder er veränderte einzelne Noten dieses Akkords ein wenig und gab ihm damit eine ganz bestimmte Farbe:

Könnt ihr die besondere «Farbe» dieses Akkords hören?

171

Diese Harmonien könnt ihr in Dutzenden seiner Stücke wiederfinden, in *Poissons d'Or, Claire de Lune, Reflets dans l'Eau, Nuages* und *Des Pas sur la Neige.* Irgendwie spiegeln all diese Stücke Licht wider – wie das glitzernde Licht das Wassers im Goldfischglas –, und er malt dieses Licht mit seinen reichgefärbten Harmonien, die ebenso ungewöhnlich sind wie die Farben auf Monets Bild von der Kathedrale.

Ich will nicht zu erklären versuchen, woraus diese Akkorde bestehen; das wäre zu schwierig. Aber ich will euch erklären, wie Debussy diese bunt schillernden Farben in seinen Harmonien erzeugt. Man nennt sein Verfahren *Bitonalität:* Das bedeutet zwei verschiedene Harmonien gleichzeitig – das ist Musik, die in zwei verschiedenen Tonarten zusammen geschrieben ist! Es ist, als würde ich den Walzer *G'schichten aus dem Wienerwald* in einer Tonart beginnen:

und dann die Melodie in einer anderen Tonart dazufügen:

Eigenartig, nicht wahr? Aber das ist Bitonalität; und wenn Debussy sie verwendet, dann klingt es gar nicht mehr eigenartig, sondern reich, verschleiert und impressionistisch, wie in diesem wunderbaren Stück, in dem die Begleitung in der einen Tonart steht:

und die Melodie in einer anderen:

Zusammen aber ergeben die beiden Tonarten einen geheimnisvollen, wunderbar impressionistischen Klang – dunkel und leidenschaftlich:

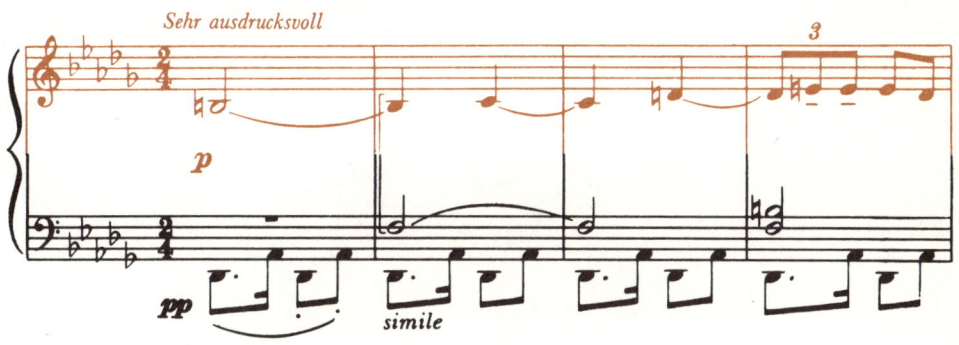

Übrigens habt ihr vielleicht am Tangorhythmus der Begleitung gemerkt, daß es eine Art spanischer Musik ist mit dem Namen *La Puerta del Vino*; die Tatsache, daß sie im Stil spanisch ist, läßt uns noch etwas am Impressionismus erkennen. Debussy war immer auf der Suche nach neuen Klängen – ihn zog die Musik ferner Länder an, Spanien, der Orient, das antike Griechenland und sogar Jazz aus Amerika. Ihr müßt bedenken, daß Debussy komponierte, als der Jazz – oder

Ragtime, wie er damals hieß – gerade die Welt zu erobern begann. So lieh sich Debussy einige unserer Jazzrhythmen und -einfälle aus und schrieb ein paar Stücke wie dieses, das ihr sicher schon gehört habt; es heißt *The Golliwog's Cakewalk*:

Ihr seht, daß Debussy nicht immer langsame, ernste Musik komponiert hat. Er besaß außerdem einen köstlichen Sinn für Humor.

Ich glaube, wir sind jetzt soweit, daß wir sein herrliches Stück *La Mer* hören können, das ich am Anfang dieses Kapitels erwähnte. Ihr seid nun schon Fachleute auf dem Gebiet des Impressionismus und in der Lage, euch an einer der wunderbarsten Kompositionen zu freuen, die je für Orchester geschrieben wurde. Ich wünschte, wir könnten das Stück auf der Schallplatte hören. Aber ich kann euch wenigstens davon *erzählen*, und vielleicht kauft ihr euch die Platte später einmal. Der Satz heißt «Ein Morgen und Mittag auf dem Meer», aus ihm erfahrt ihr alle Arten von Eindrücken: Gleich im Anfang die völlige Stille des Ozeans kurz vor Sonnenaufgang; dann erscheinen die ersten geisterhaften Lichtstrahlen; die ersten zaghaften Schreie der Meeresvögel; schließlich beginnen die Wellen beim ersten Windstoß zu wogen und zu rauschen. Dann hört man einen neuen, hellen Klang von den Celli und Hörnern, und es ist, als ob plötzlich die Sonne über dem Horizont aufginge:

Welch strahlendes Gold! Von diesem Augenblick an nimmt die Musik an Lautstärke, Farbe und Bewegung zu, bis die Sonne am Ende ihren höchsten Punkt erreicht hat, stillsteht und im Raum glüht.

Das ist ein großartiger Augenblick, den Debussy mit seinem letzten Akkord musikalisch ausgedrückt hat, indem er plötzlich alle hohen und tiefen Noten verstummen läßt und nur noch der Blechbläserakkord im Raum steht wie ein Feuerball in der Luft:

Man kann die Sonne richtig scheinen sehen, wie einen großen glühenden Ball am Mittag. Es ist großartige Tonmalerei, denn das ist dieses Werk: ein grandioses Gemälde für das Ohr anstatt für das Auge.

Wir kommen jetzt zum zweiten Satz, der euch jedesmal, wenn ihr ihn hört, freudig stimmen wird. Er heißt «Das Spiel der Wellen», eine leuchtende und glitzernde Impression des Meeres in einer heiter-verspielten Stimmung.

Ihr werdet darin alle Skalen, Harmonien und Kunstgriffe hören, über die wir gesprochen haben; zartbewegte Melodiewellen in einer alten Kirchentonart (dem lydischen Modus):

Später dann hört man wahrhaftig das Plätschern der Wogen, auf denen sich Schaumkronen bilden, all dies komponiert mittels der Ganztonskala.

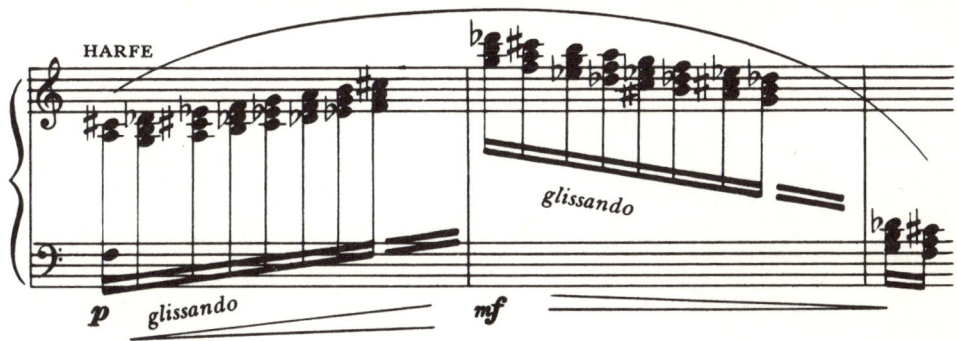

Welch eine wundervolle Art, Wellen zu malen! Und dann diese reichen, verwischten Harmonien:

Sogar spanische Rhythmen kommen in diesem Satz vor; so hören wir plötzlich mittendrin diesen Bolero-Rhythmus:

Bitonalität und noch vieles mehr benutzt Debussy. Jedoch keinen Jazz. Wenn ihr einmal eine Schallplatte mit allen drei Sätzen hören könnt oder *La Mer* vielleicht im Konzert oder Radio gespielt wird, dann werdet ihr viele schöne Beispiele für diese Kunstgriffe entdecken, über die wir gesprochen haben. Aber schon dieser zweite Satz gibt euch einen köstlichen Eindruck davon, und ich hoffe, ihr werdet das Stück ebenso liebgewinnen wie ich.

Eigentlich dürfen wir unser Programm über den Impressionismus nicht beenden, ohne den anderen großen französischen Impressionisten erwähnt zu haben: Maurice Ravel. Es ist eigenartig, daß viele große Komponisten in Paaren aufzutreten scheinen: Bach–Händel, Mozart–Haydn, Bruckner–Mahler und Debussy–Ravel. Diese letzten beiden Großen schrieben die bedeutendsten Werke des Impressionismus. Ravels Musik ist ganz ähnlich der von Debussy, doch hat auch er seinen ganz persönlichen Stil. Aber um über ihn zu sprechen, brauchten wir ein neues, eigenes Kapitel.

Was ist eine Melodie?

Die meisten Menschen, wenn sie an Musik denken, denken an eine Melodie. Für manche von ihnen ist es ein und dasselbe – Musik ist gleich Melodie. Eigentlich haben sie recht; denn was ist denn Musik anderes als Töne, die sich verändern und nacheinander erklingen? Da haben wir also schon eine Definition der Melodie: eine Reihe von Tönen, die nacheinander erklingen. Wenn das stimmt, dann ist es eigentlich unmöglich, Musik zu komponieren, die *keine* Melodie ist. Ich meine damit: Wenn eine Melodie darin besteht, daß ein Ton nach dem anderen kommt; wie kann ein Komponist es überhaupt vermeiden, eine Melodie zu komponieren, wenn er doch nacheinander Noten aufschreibt? Es *müssen* doch einfach Melodien werden. Seht her.

Er schreibt eine Note:

Dann schreibt er eine zweite:

Und schon hat er eine kleine Melodie von zwei Tönen:

Das ist doch eine Melodie – fast. Fügt er eine dritte Note hinzu:

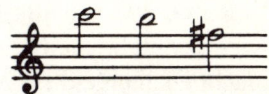

Jetzt beginnt es schon wie eine richtige Melodie auszusehen, und wenn er noch ein paar Noten anfügt:

dann haben wir doch tatsächlich Mendelssohns *Hochzeitsmarsch*:

Seht ihr, wie einfach das geht? Wo Musik ist, da sind auch Melodien. Man kann eines ohne das andere nicht haben. Warum beschweren sich dann viele Menschen, daß die Musik keine Melodien habe? Manche Leute mögen keine Fugen von Bach, weil sie ihnen nicht melodisch genug sind. Andere behaupten dasselbe von Wagners Opern, wieder andere vom Jazz oder von der modernen Musik. Was, glaubt ihr, meinen sie, wenn sie darüber klagen, die Musik sei «nicht melodisch»? Worüber beklagen sie sich? Ist denn nicht jede Folge von Tönen bereits eine Melodie? Die Antwort, glaube ich, ist einfach: Eine Melodie kann vielerlei Verschiedenes sein: ein Thema, ein Motiv, eine melodische Linie, eine Baß-Figur oder eine Mittelstimme – alles dies. Und sobald wir begriffen haben, wie verschieden eine Melodie sein kann, haben wir begriffen, worum es geht.

Die meisten Menschen, wißt ihr, glauben, daß eine Melodie etwas ist, das man pfeifen kann, das man gleich wiedererkennt, das «ins Ohr geht». Tatsächlich bewegt sich eine Melodie innerhalb des Umfangs der menschlichen Stimme – weder zu hoch noch zu tief. Ein Thema sollte auch keine melodischen Phrasen haben, die länger dauern, als man mit einem Atemzug singen kann. Die Melodie ist nämlich das *Singen* in der Musik, so wie der Rhythmus das Tänzerische bedeutet. Das Wichtigste an einer Melodie ist jedoch, daß sie in sich geschlossen ist – das heißt, sie hat einen Anfang, einen Mittelteil und einen Schluß, und sie macht euch glücklich. Mit anderen Worten – es ist ein Lied wie *Summertime* von

Gershwin, wie *Der Lindenbaum* von Schubert oder der neueste Schlager aus der Hitparade.

In der symphonischen Musik, mit der wir uns hier vor allem befassen, finden wir nicht nur simple Melodien. Wenn sie nämlich in sich geschlossen sind, dann verlangen sie nicht danach, daß man sie weiterentwickelt. Und das ist eine Haupteigenschaft der symphonischen Musik, wie wir im letzten Kapitel noch erfahren werden: das Wachsen und das Verändern eines melodischen Samens, bis er zu einem großen symphonischen Baum wird. Ein solcher Same muß nicht eine vollständige Melodie sein, sondern kann unvollständig, entwicklungsbedürftig sein. Solche Melodie nennen wir ein Thema.

Das ist natürlich ein Problem für die Leute, die meinen, Musik müsse nur aus eingängigen Melodien bestehen, und sie finden solche entwicklungsbedürftigen Themen nicht «melodisch» genug. Ich vermute, ihnen würde auch das Vier-Töne-Thema nicht sonderlich behagen, mit dem Beethoven seine *Fünfte Symphonie* beginnt:

Das ist auch nicht besonders «melodisch». Vielleicht beschweren sie sich auch über das Thema aus seiner *Siebten Symphonie:*

Das bleibt fast immer auf einer Note stehen. Aber diese beiden Themen sind Melodien, auch wenn es nicht Lieder sind. Daran immer zu denken ist wichtig. Es sind keine kompletten Liedmelodien, sondern Themen. Natürlich gibt es viele symphonische Themen, die viel melodiöser sind. Man muß nur an Tschaikowskys *Sechste Symphonie* denken:

Das ganze Thema ist praktisch eine einzige Melodie.

Was macht dieses große melodiöse Thema so herrlich und so attraktiv – abgesehen davon, daß es sich Tschaikowskys Genius erdacht hat? Die Antwort darauf heißt *Wiederholung* – sei es genaue Wiederholung oder Wiederholung in leicht abgewandelter Form, und zwar *innerhalb des Themas selbst*. Es ist die Wiederholung, welche die melodische Linie so einprägsam macht, und es sind diese Wiederholungen und Abwandlungen, die uns innere Befriedigung geben. Das wissen auch die Schlagerkomponisten genau, und deshalb wiederholen sie ihre Melodien so oft. Denken wir doch nur an das alte Lied «Mackie Messer», dessen Melodie sich immerfort wiederholt:

Nun, dasselbe Prinzip finden wir auch bei symphonischen Themen. Schauen wir, wie es Tschaikowsky anstellt, sein herrliches Thema aufzubauen, indem er in genau überlegter Form den musikalischen Gedanken immer wieder abwandelt. Ich möchte einmal sein Vorgehen die «Dreier-Methode» nennen. Tatsächlich sind viele berühmte Themen nach demselben Prinzip geformt, und das sollten wir nicht vergessen. Und so wird es gemacht: Zuerst ist da eine kurze Phrase, ein kurzer musikalischer Gedanke:

Im zweiten Teil wird dieselbe Phrase, nur leicht verändert, wiederholt:

Und in der dritten Phase schwingt sich das Thema in neue melodische Gefilde auf:

In drei Phasen, wie beim Start einer Rakete, entfaltet sich das Thema, oder wie beim Rennen: «Auf die Plätze, fertig, los!» Oder wie beim Film und Fernsehen: «Scheinwerfer an, Kamera läuft, Klappe!» Überall das gleiche. Ich kenne viele Beispiele in der Musik, die so angelegt sind, so daß ich nicht weiß, wo ich beginnen soll. Nehmen wir den guten alten Beethoven mit seiner *Fünften Symphonie*. Auf die Plätze:

Fertig:

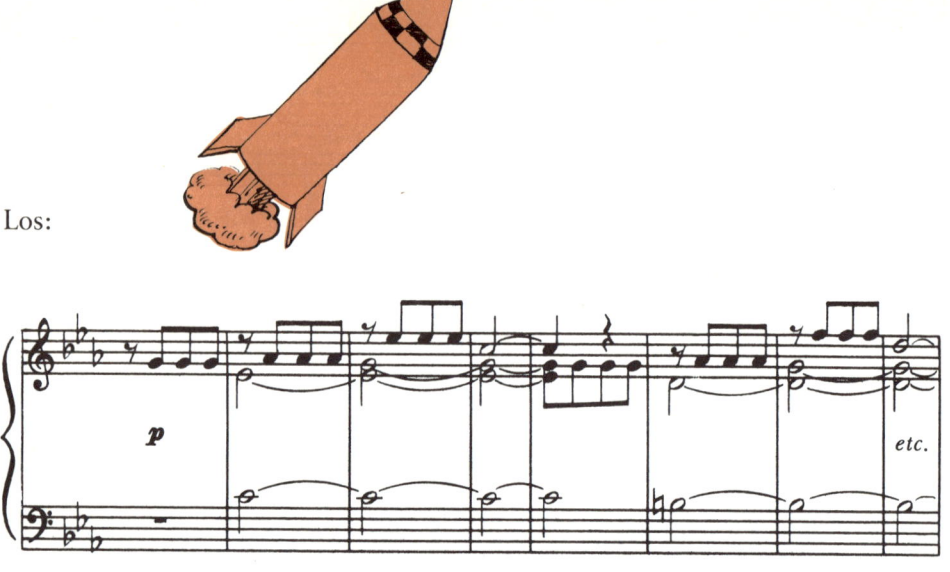

Los:

Oder: Kennt ihr jenes sehnsuchtsvolle Thema in der *Symphonie* von César Franck? Da finden wir dasselbe. Die erste Phrase lautet so:

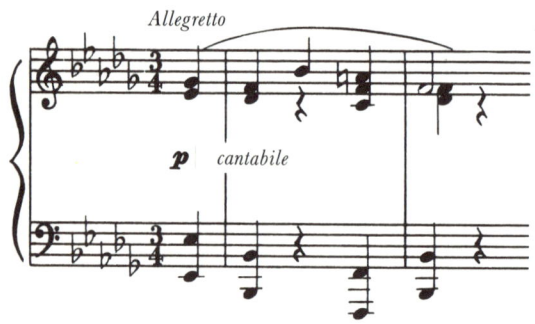

Dann wiederholt sie der Komponist, leicht verändert, drängender:

Und dann kommt die beglückende Vollendung:

Dasselbe können wir auch in Mozarts *Haffner-Symphonie* beobachten. Auf die Plätze:

Und so weiter. Es gibt Tausende von ähnlichen Beispielen, die nach diesem dreiteiligen Prinzip gebaut sind. Und laßt uns nicht vergessen, daß des Pudels Kern in der Wiederholung liegt. Phrase zwei ist immer Wiederholung von Phrase eins. Und drei ist die Erfüllung.

Jetzt kennen wir also ein paar Geheimnisse, warum Musik melodisch klingt. Und nun wollen wir einmal herausfinden, warum manche Menschen manche Musik für angeblich *un*melodisch halten. Wir haben festgestellt, daß wir eine Melodie für besonders gelungen halten, wenn sie bereits in sich abgeschlossen, wenn sie vollkommen ist. Wenn wir aber eine Melodie oder ein Thema hören, das noch nicht komplett ist, dann fangen die Schwierigkeiten an. Und wenn wir Musik hören, die aus kurzen Melodienschnipseln besteht, die nicht einmal zu einem richtigen Thema taugen, dann – so kann man folgern – haben wir noch größere Schwierigkeiten.

Nehmen wir nochmals Beethovens *Fünfte*:

Der Anfang ist so kurz und knapp, daß wir nicht einmal ein richtiges Thema haben, allenfalls ein Motiv. Nun, so ein Motiv kann nur zwei Noten haben oder vielleicht drei oder vier – allenfalls der Same für eine melodische Entwicklung, gewissermaßen das Rohmaterial, aus dem längere Melodien sich entwickeln.

Erinnert ihr euch an jene Leute, die in Wagners Opern vergebens nach Melodien suchen? Das liegt daran, weil Wagner seine gewaltigen Opernwerke aus winzigen Motiven entwickelte, nicht etwa aus kompletten abgeschlossenen Melodien, wie sie die italienischen Komponisten gern komponiert haben. Aber wie unrecht haben sie, wenn sie behaupten, Wagner könne keine Melodien schreiben! Seine ganze Musik ist eine einzige Melodie, aber sie ist aus einzelnen Motiven weiterentwickelt. Seht her, was ich damit meine. Wir haben sicherlich alle schon das Vorspiel zu seinem Musikdrama *Tristan und Isolde* gehört. Es beginnt mit einem Motiv aus vier Tönen:

Daran schließt sich sogleich ein weiteres Motiv an, ebenfalls aus vier Tönen.

Nun ist es aufregend zu sehen, wie Wagner diese beiden Motive miteinander kombiniert. Er läßt das zweite Motiv bereits auf dem letzten Ton des ersten beginnen, so daß die Endnote des ersten und die Anfangsnote des zweiten eng miteinander verzahnt sind:

Nun legt er diesen beiden Motiven eine herrliche Harmonie unter und – hier haben wir es: den Anfang von *Tristan und Isolde*:

Das ist schon viel mehr als ein Motiv, auch mehr als nur zwei Motive. Es ist zu etwas gewachsen, das wir eine *Phrase* nennen, die so verständlich ist wie eine gescheite Folge von gesprochenen Worten. Und Wagners Kompositionsmethode besteht nun darin, Motive miteinander zu Phrasen zu verknüpfen, dann zu ganzen Sätzen, schließlich zu ganzen Absätzen (um beim gesprochenen Wort zu bleiben), und so erzählt er eine ganze Geschichte: Das *Tristan*-Vorspiel ist eine einzige wunderbare, sich fortspinnende endlose Melodie, obwohl er – scheinbar – gar keine «Melodie» komponiert hat. Versteht ihr nun, was ich damit meine, daß man unter einer Melodie ganz verschiedene Dinge sehen kann? Das *Tristan*-Vorspiel ist im Grunde eine einzige leidenschaftliche Melodie, zehn Minuten lang! Das ist ziemlich lang für einen Komponisten, dem man nachsagt, seine Musik sei angeblich unmelodisch. Aber wir haben ja gesehen: Seine Art der Melodie wächst aus kleinen Samen – jenen Motiven zu Beginn. Nur daran liegt es, daß man Wagner nachsagt, er schreibe keine «richtigen» Melodien.

Was es für manche Menschen besonders schwierig macht, eine Melodie sogleich zu erkennen, ist das furchterregende Wort *Kontrapunkt*, was eigentlich nur heißt, daß zwei oder mehr Melodien gleichzeitig nebeneinander herlaufen. Das erscheint manchen Hörern störend. Das sollte es aber nicht, denn je mehr Melodien, je schöner, oder? Und so ein Kontrapunkt kann herrlich aufregend sein. Im *Tristan*-Vorspiel, sehr viel später, kommt die Musik zu einer gewaltigen Steigerung, indem der Komponist zwei Melodien kontrapunktisch verknüpft: die Streicher verströmen *ihre* Melodie, immer höher und höher kletternd:

Während sie sich immer weiter steigern, singen die Celli und die Hörner, in den tieferen Regionen, unaufhörlich jenes Vier-Töne-Motiv, das wir zu Beginn immer gehört haben:

Aber das ist nicht alles. Zur gleichen Zeit drängt sich die Trompete zwischen diese beiden Melodienlinien und bläst mit aller Kraft das zweite Vier-Ton-Motiv vom Anfang des Stücks, immer und immer wieder:

Glaubt ihr nun etwa, das seien zu viele Melodien für das menschliche Ohr? Hier sind sie, die drei Melodien, und ich wette, ihr könnt sie alle genau verfolgen:

Welche Steigerung – eine der aufregendsten, die je komponiert wurden! Dabei ist es *Kontrapunkt:* dieses furchterregende Wort, das manche Hörer so verschreckt, daß sie sich vor Bachs Fugen oder Wagners Opern fürchten. Aber laßt euch nicht einschüchtern; Kontrapunkt heißt ja nicht, daß es keine Melodie gibt. Ganz im Gegenteil: die Melodien haben sich vervielfacht.

Um diesen Gedanken noch klarer auszudrücken, wollen wir uns einmal die Stimmen aus dem ersten Satz von Mozarts berühmter *g-Moll-Symphonie* ansehen. Vieles wird uns anschaulich werden, was wir bisher diskutiert haben. Ich bin sicher, ihr habt das herrliche Anfangsthema schon einmal gehört. Es ist wieder einmal das typische Beispiel eines Drei-Stufen-Themas. Zunächst haben wir die Eröffnung:

Zweitens die Wiederholung auf einer etwas tieferen Stufe:

und drittens die Vollendung:

Nun wird es keinen Menschen geben, der *das* für unmelodisch hält. Form und Gestalt sind von großer Schönheit. Das ist nämlich auch ein wichtiges Merkmal einer Melodie: welche Linie sie beschreibt, wo sie sich hebt und sich dann entspannt wieder senkt. Diese Melodie von Mozart ist von perfekter Gestalt.

Im Laufe des Satzes, wenn das Thema weiterentwickelt wird, gibt es viele Stellen, die man für unmelodiös oder weniger melodiös halten möchte. Aber wer genau zuhört, merkt, daß dies nicht der Fall ist. Betrachten wir einmal die ersten beiden Töne des Eingangsthemas:

Sie bilden ein eigenes Thema – ähnlich wie bei Wagner –, das durch den gesamten Satz hindurchläuft. In der Mitte des Satzes spielen die Blasinstrumente mit diesem Motiv folgendermaßen:

während die Streichinstrumente dasselbe Motiv, aber in langen Noten ausgedehnt, als Kontrapunkt spielen:

Beides kombiniert, gibt es einen herrlichen Klang:

Alles dies ist aus den zwei kleinen Noten entwickelt! Wir sehen: sogar die Teile der Weiterentwicklung sind reine Melodie. Das gilt auch für die folgende, scheinbar unmelodische Stelle:

Manche von euch werden sagen: Wo gibts hier eine Melodie? Aber das Hauptthema ist da, nur versteckt in den Baßinstrumenten:

während in den Oberstimmen ein aufregender Kontrapunkt sich entwickelt, ganz
wie in einer Fuge von Bach:

Ihr müßt versuchen, auch im tiefen Orchesterklang die Melodie zu entdecken,
nicht nur in der Oberstimme. Wenn euch das gelingt, wird die Musik noch viel
reicher klingen. Schwieriger ist es, die Melodie zu entdecken, wenn sie weder in
den Ober- noch in den Unterstimmen liegt, sondern dazwischen – wie bei einem
Sandwich. Da gibt es eine Stelle, wo man achtgeben muß, weil das Thema in der
Oberstimme über gleichbleibenden Baßnoten erklingt:

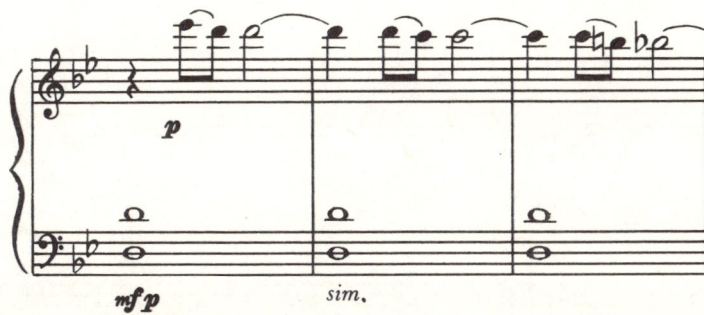

Aber in der Mitte blasen die beiden Klarinetten gemeinsam unser Motiv:

Das klingt so herrlich sanft, daß es ein Jammer wäre, wenn es euch entginge. Das wäre wie zwei Scheiben Brot mit nichts dazwischen. Hören wir uns einmal das ganze «Sandwich» an – Oberstimme, Unterstimme und in der Mitte die Klarinettenfüllung:

(obere Scheibe)

(untere Scheibe)

Das alles ist auch Melodie.

Unsere wichtigste Frage lautete: «Was ist eine Melodie?» Nun, was ist es? Haben wir es schon herausbekommen? Jede Folge von Tönen, hieß es vorhin. Das genügt aber nicht, denn es gibt ja Folgen von Tönen, die uns gefallen, und manche tun es nicht. So sollte die Frage vielleicht lauten: «Was ist eine *Un*-Melodie?» Wir haben darüber gesprochen, warum manche Menschen manche Musik für unmelodisch halten: Melodien, die sich – etwa im Kontrapunkt – gegenseitig bekämpfen; oder eine Melodie tief unten in den Bässen, so daß man sie nicht leicht erkennt; oder in der Mitte vergraben, ohne daß man sie bemerkt; oder eine Melodie, die aus winzigen Teilchen zusammengesetzt ist, also nichts zum Nachsingen. Wirklich wichtig ist es (und darauf zielt unsere ganze Diskussion ab), was wir unseren Ohren zumuten können, das heißt, was unsere Ohren zu hören gewohnt sind.

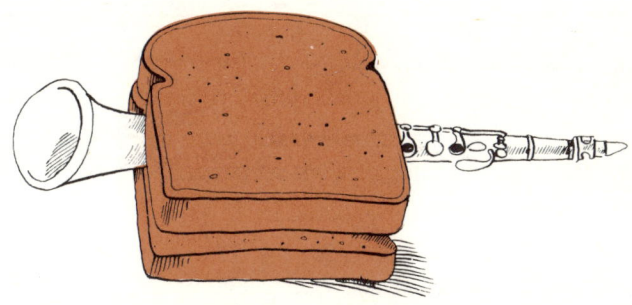

So ist es euch klar geworden, wie wichtig bei einer Melodie die Wiederholungen sind, damit man sie auch behalten kann. Das ist okay. Was aber ist, wenn eine Melodie sich nicht immer wiederholt, sondern sich mit neuen Motiven weiter fortspinnt? Vermutlich wird sie uns auf Anhieb weniger gefallen, was aber nicht heißt, daß sie deswegen «unmelodischer» ist. Je weniger eine Melodie den Charakter eines «Ohrwurms» besitzt, desto schwerer mag sie zu erfassen sein. Aber herrlich und nobel kann sie deswegen doch sein, oder? Es gibt unter den schönsten Melodien, die ich kenne, manche, die sich weiter fortspinnen, ohne sich zu wiederholen. Die kann man natürlich nicht gleich auf der Straße nachpfeifen.

Ich kann mich erinnern, daß mir mein Klavierlehrer ein neues Stück zum Üben aufgab: Bachs *Italienisches Konzert*. Ich war damals ungefähr vierzehn Jahre alt, und als ich den langsamen Satz, der eine einzige ununterbrochene melodische Linie fortspinnt, zum erstenmal durchspielte, konnte ich nicht viel damit anfangen. Die Melodie schien endlos, ohne jedes Ziel.

Kennt ihr das Stück? Es geht so:

So geht es weiter, wie wenn man mit einem goldenen Faden immer weiterwebt, ohne daß – fünf Minuten lang – etwas wiederholt wird. Ist das deswegen plan- und ziellos?

Heute empfinde ich das als die herrlichste Musik, nicht aber als ich vierzehn war. Damals dachte ich noch, eine Melodie müsse etwas sein, das Anfang und Ende hat. Das war es, was meine Ohren erwarteten, weil sie erst eine kurze musikalische Erfahrung besaßen.

So wie unser musikalischer Geschmack sich wandelt, wenn wir erwachsen werden und verschiedene Arten von Musik zu hören bekommen, so haben sich die Geschmäcker im Lauf der Geschichte auch verändert. Die Melodien eines Beethoven hätten die Menschen zu Bachs Zeit hundert Jahre früher sicherlich schockiert. Und ich bin davon überzeugt, daß die moderne Musik unserer Zeit, die viele Menschen für häßlich und unmelodisch halten, für die Menschen von morgen ganz selbstverständlich und angenehm klingen wird.

Schauen wir uns noch ein weiteres Beispiel einer langen, durch keinerlei Wiederholungen aufgeteilten Melodie an, und zwar von dem bedeutenden deutschen Komponisten Paul Hindemith. Er hat diese Melodie vor mehr als einem halben Jahrhundert komponiert; wir finden sie in seiner *Konzertmusik für Bläser und Streicher*, und ich bin sicher, daß es Leute geben wird, die das, nach so langen Jahren noch, als unmelodisch empfinden.

Ich dagegen halte dies für eine der eindringlichsten, herrlich gestalteten Melodien, nicht nur in der modernen Musik, sondern überhaupt. Und ich glaube, daß ihr mir recht geben werdet:

Sehr breit und fließend

Ob sie euch nun gefällt oder nicht, das *ist* eine herrliche Melodie, die einige Minuten lang durch wunderbare Kurven, Höhepunkte, Bogen und Täler führt. Und wenn einer unter euch ist, dem das nicht gefällt, der es unmelodisch, unschön oder unattraktiv findet, möchte ich ihn trösten. Dieselben Vorwürfe hat man vor hundert Jahren einem noch berühmteren deutschen Komponisten namens Johannes Brahms gemacht.

Heute dagegen, wenn wir an schöne Melodien denken, fällt uns sofort der Name Brahms ein. Aber es gab tatsächlich eine Zeit, in der man ihm vorwarf, seine Musik sei absolut unmelodisch. Um euch zu zeigen, wie vorsichtig man sein muß mit seinem Urteil, was eine Melodie ist und was nicht, wollen wir uns den letzten Satz seiner *Vierten Symphonie* anschauen – ein ungewöhnlicher Satz aus mehrerlei Gründen, vor allem aber, weil sein Hauptthema aus nichts weiter besteht als einer Folge von sechs Tönen:

und noch zweien, um einen Schluß zu bekommen:

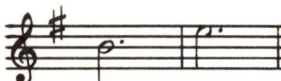

Also acht Töne insgesamt, einen pro Takt:

Und auf diese acht Takte folgen nun dreißig Variationen: Jede ebenfalls acht Takte lang, in jeder dieselben acht simplen Töne enthalten, jede in derselben Tonart. Das ist, abgesehen von einer kurzen Steigerung am Schluß, der ganze Satz; nicht sehr vielversprechend, was Melodien anlangt, oder? Eine halbe Tonleiter und eine Schlußkadenz, das ist alles. Und doch: Was Brahms in diesem Satz an glühender, herrlicher *melodischer* Schönheit entwickelt, macht uns entzücken. Und wie tut er das? Auf alle jene Arten, die wir bisher gelernt haben: Kontrapunkt, Motivarbeit, Wiederholungen, die «Dreier»-Methode, Thema im Baß, Thema in der Mitte und so weiter. Aber ich denke nicht daran, euch diesen Satz weiter zu erklären; denn inzwischen seid ihr so trainiert, daß ihr in diesem einst als unmelodisch verschrienen Werk von Brahms auch die herrlichen melodischen Ausbrüche erkennen werdet. Und wenn ihr euch immer noch wundert, was alles eine Melodie sein kann, dann hört euch diesen Satz in einer Plattenaufnahme genau an. Dann werdet ihr hören, daß jede Melodie genau so klingt, wie sie ein großer Komponist sich ausgedacht hat, und nicht anders.

Was heißt Sonatenform?

Wir wollen jetzt untersuchen, was es mit dem furchterregenden Wort «Sonatenform» auf sich hat. Jahrelang bin ich um dieses Thema herumgeschlichen – nicht weil es so schwierig wäre, sondern weil in unzähligen Musikstunden schon so viel darüber geredet worden ist, wobei oft nur eine Art musikalischer Straßenkarte mit einer Menge seltsam klingender Namen wie «Exposition» und «Reprise» und so weiter herauskommt. Aber ich hoffe, daß ihr euch am Ende dieses Kapitels unter der Sonatenform mehr vorstellen könnt als nur diese Begriffe.

Zuerst schauen wir uns einmal den Kopfsatz von Mozarts letzter Symphonie an, der *Jupiter-Symphonie*. Warum, fragt ihr, sollen wir eine Symphonie durchnehmen, wenn wir die Sonatenform untersuchen wollen? Die Antwort heißt: Eine Symphonie *ist* eine Sonate. Eine Sonate ist nämlich meistens ein Musikstück in mehreren Sätzen, das eine bestimmte Form hat. Und wenn in dieser Form ein Stück für ein Soloinstrument, beispielsweise Klavier oder Geige oder Flöte, komponiert wird oder für ein Soloinstrument mit Klavierbegleitung, dann nennen wir das eine Sonate.

Eine Sonate für drei Instrumente nennen wir Trio, bei vier Instrumenten heißt es Quartett, bei fünf Instrumenten Quintett und so fort. Wenn diese Form aber für ein ganzes Orchester Verwendung findet, heißt sie Symphonie. Ganz einfach. Eine Symphonie ist also eine Sonate für Orchester. Und mehr möchte ich im Augenblick nicht darüber sagen.

Hier erst einmal der Anfang der *Jupiter-Symphonie*:

Was uns an diesem Satz am meisten interessiert, ist seine Form, seine Gestalt. Die Gestalt einer musikalischen Komposition zu erfassen, ist für die meisten Leute besonders schwierig. An eine Melodie oder einen Rhythmus können sie sich leicht erinnern, selbst an harmonische Wendungen oder Gegenstimmen. Nur die formale Gestalt eines Stücks zu begreifen, ist schwierig, weil man es als Ganzes überblicken oder, besser gesagt, alles gleichzeitig hören muß, was natürlich gar nicht möglich ist, weil die Musik sich nicht im Raum abspielt, sondern in der Zeit. Wie sollten wir alles auf einmal hören können?

Bei einem Gemälde oder bei einer Kirche kann man die formale Gestalt auf Anhieb einigermaßen überblicken, denn sie ist im Raum. Auch wenn man auf das Podium dieses Konzertsaals schaut, kann man es sofort überblicken und Gefallen an seinen Proportionen, seiner Ausgewogenheit finden.

Bei einem Musikstück muß man die Form *hören*. Und das braucht *Zeit*. Man muß eigentlich alle Noten im Kopf behalten, die man gehört hat, und erst am Ende erkennt man die formale Gestalt. Das klingt unmöglich, ist es aber nicht. Wenn man nämlich *vorher* eine Vorstellung davon hat – etwa daß es sich um eine Sonatenform handelt –, wird alles viel leichter, denn dann kann man fast vorhersagen, was für formale Dinge sich abspielen werden. Das machen wir jetzt und wollen herausfinden, was eine Sonate ist.

Das Wort «Sonate» hieß früher eigentlich nichts weiter als «klingendes Stück» und kommt von dem lateinischen Wort «sonare», «klingen». Eine Sonate war ein Stück, das von Instrumenten zum Klingen gebracht wurde, während eines, das gesungen wurde, «Kantate» genannt wurde, was von dem lateinischen Wort «cantare», «singen», kommt.

Erst in den letzten zweihundert Jahren hat der Begriff Sonate eine bestimmte Bedeutung erlangt, die das ganze Stück, vor allem aber den ersten Satz betrifft. In der klassischen Sonate können die anderen Sätze formal ganz verschieden sein, aber der Kopfsatz muß die sogenannte Sonatenform haben. Und diese Form des ersten Satzes ist die Grundlage für die Symphonie seit jener Zeit vor zweihundert Jahren bis in unser Jahrhundert. Daher ist es wichtig, daß man über diese klassische Grundform, die Sonatenhauptsatzform, Bescheid weiß.

Wie lassen sich die immense Beliebtheit und die Weiterentwicklung der Sonatenform über die Jahrhunderte hinweg erklären? Warum wirkt diese Form so vollkommen, so überzeugend?

Es sind vor allem zwei Dinge: ihre Ausgewogenheit durch die dreiteilige Form und die aufregende Gegenüberstellung von kontrastierenden Themen. Ausgewogenheit und Kontrast: In diesen beiden Wörtern steckt das große Geheimnis der Sonatenform.

Nehmen wir zunächst die dreiteilige Kunstform – etwas, was wir überall um uns sehen können. Zum Beispiel eine Brücke mit zwei großen Pfeilern an jedem Ufer und der Bogen über dem Wasser, der sie verbindet.

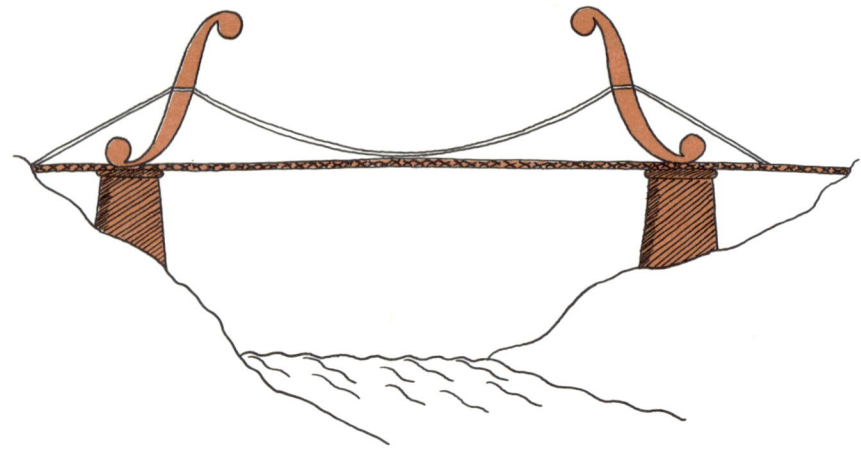

Das ist eine dreiteilige Form, die wir beim Betrachten als harmonisch empfinden. Oder denkt an einen gewaltigen Baum mit' dem mächtigen Stamm in der Mitte und der Baumkrone ringsum, die sich wie ein Schirm ausbreitet. Auch das Gesicht von uns Menschen hat eine dreiteilige Form: Mund und Nase in der Mitte und zu beiden Seiten spiegelbildlich Augen und Ohren. All das sind Beispiele dreiteiliger Formen.

Eine solche grundlegende, natürliche Form müßte auch in der Musik ganz selbstverständlich sein. Und tatsächlich ist auch die einfachste Liedform dreiteilig. Nehmen wir das überall bekannte amerikanische Kinderlied «Twinkle, twinkle, Little Star», das im Deutschen «Morgen kommt der Weihnachtsmann» heißt: Es hat einen ersten Teil, den wir mit A bezeichnen:

Dann kommt der Mittelteil, den wir B nennen:

Dann wird der Teil A wiederholt, und das Lied ist zu Ende.

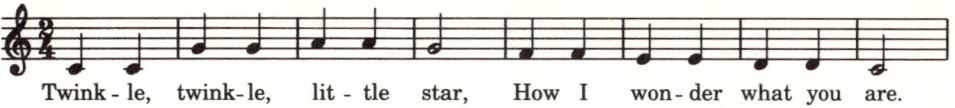

Hier habt ihr also genau die dreiteilige A-B-A-Form.

Nun werden wir feststellen, daß diese einfache Form sich in längeren Liedern ein wenig verändert. Die meisten Schlager sind ziemlich streng in der A-B-A-Form geschrieben. Der einzige Unterschied (wir werden noch sehen, wie wichtig das ist) besteht darin, daß der Teil A sofort wiederholt wird, bevor es in den B-Teil geht. So ist die Form eigentlich A-A-B-A anstelle von A-B-A. Es sind aber dieselben Teile, nur daß der erste A-Teil gleich nochmal gesungen oder gespielt wird. Nehmen wir als Beispiel einen Song der Beatles, «And I Love Her», und sehen uns einmal an, was da passiert. Zuerst der A-Teil:

Und dann wird dieser A-Teil wiederholt:

und so weiter. Teil A wird wiederholt. Und nun kommt der Teil B mit einer ganz anderen Melodie:

A love like ours __ Could ne-ver die __

As long as I __ have you near __ me.

was uns dann wieder mit Glanz und Gloria zum Teil A zurückbringt:

Bright are the stars that shine, *etc.*

So geht es immer weiter, bis zum Schluß.

Das ist nicht viel mehr als bei dem Kinderlied vorhin, aber es ist doch ein Fortschritt. Der Beatles-Song ist sozusagen die Luxusversion mit wiederholtem A-Teil. Wenn wir diese Erweiterung der dreiteiligen Liedform weiterverfolgen, wird daraus vielleicht eine lange Opernarie, zum Beispiel die berühmte Arie der Micaela aus der Oper *Carmen*. Das ist nun schon etwas komplizierter oder, sagen wir, kunstvoller. Das läßt sich nicht einfach in drei Teile A-B-A zerlegen, aber man kann die drei Teile genausogut wie bei dem Beatles-Song verfolgen. Der lyrische, melodische Teil kommt zuerst:

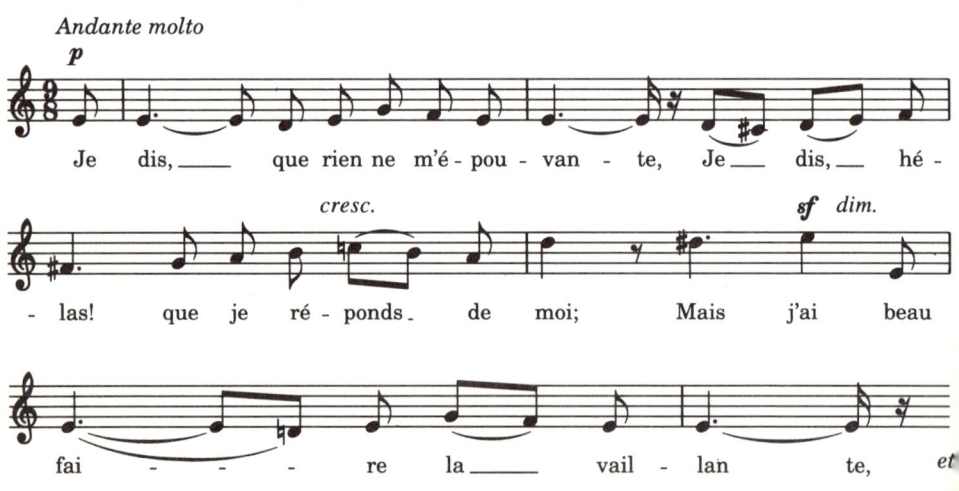

Je dis, __ que rien ne m'é-pou-van-te, Je __ dis, __ hé-
- las! que je ré-ponds de moi; Mais j'ai beau
fai - - - re la __ vail-lan te, *et*

Dann hören wir den aufgeregt klingenden, dramatischen Mittelteil:

und kehren danach zum etwas ruhigeren ersten Teil zurück:

Nun haben wir gelernt, eine dreiteilige Liedform klar zu erkennen, und können jetzt die Sonatenform in Angriff nehmen. Denn im Grunde ist die Sonatenform nichts anderes als die erweiterte dreiteilige Liedform: Der B-Teil in der Mitte wird von beiden Seiten durch den A-Teil flankiert. Und hier stoßen wir auf die häßlichen Namen von der «Straßenkarte»: Der erste Teil A wird *Exposition* genannt, ein Wort, das aus dem Lateinischen kommt und soviel wie «Vorstellung» (der Themen) bedeutet. Dann folgt der Teil B, in dem eines oder mehrere Themen des A-Teils vielfältig verändert und weiterentwickelt, «durchgeführt» werden; daher nennt man den B-Teil *Durchführung*. Und schließlich, wie erwartet, wird der A-Teil wiederholt, und dann nennt man ihn *Reprise*, die «Wiederaufnahme».

Ziemlich kompliziert, oder? Mir liegt gar nicht so an diesen Wörtern, aber wie soll man ohne sie auskommen? Wir brauchen diese Fachausdrücke, damit wir uns verständigen können, und so sollten wir uns wenigstens die drei Worte «Exposition», «Durchführung» und «Reprise» merken. Sie stehen für die A-B-A-Form der Sonate. Aber egal, welche Ausdrücke wir gebrauchen, das Prinzip der Dreiteiligkeit bleibt: die Ausgewogenheit durch die beiden A-Teile, die den Durchführungsteil B umschließen, ähnlich wie unsere Ohren die Nase flankieren.

Vorhin habe ich erwähnt, daß das Geheimnis der Sonate Ausgewogenheit *und* Kontrast ist – eines so wichtig wie das andere, denn beide geben der Sonatenform ihre aufregende Dramatik. Und wie kommt dieser Kontrast zustande? Jetzt müssen wir ein bißchen «technisch» werden; denn was ich jetzt erkläre, ist für die gesamte Sonatenform von entscheidender Bedeutung, ist ihre eigentliche Grundlage: der Umgang mit den Tonarten.

Fast jede Musik ist in einer bestimmten Tonart komponiert. Dies gilt weniger für die zeitgenössische, die «Neue Musik», wohl aber für die meiste Musik, die ihr hört. Ihr habt gewiß die Erfahrung gemacht, daß man manchmal etwas höher oder etwas tiefer singen möchte, weil es sonst unbequem ist; das heißt, man möchte in einer anderen Tonart singen. Der Beatles-Song vorhin stand in der Tonart Es-Dur (siehe Seite 205). Aber er könnte auch in G-Dur stehen:

oder in C-Dur:

oder in einer anderen der insgesamt zwölf Dur-Tonarten. Aber welche Tonart wir auch nehmen, immer fühlen wir einen *Grundton*, ein Zentrum, einen Stützpunkt, wo die Musik zu Hause ist, von dem sie ausgeht und wohin sie zurückkehrt. Dieser Grundton wird *Tonika* genannt und ist die erste Note der Tonleiter, in der Tonart C-Dur also das C:

und der *Grundakkord* ist der Dreiklang, der über der Tonika gebildet wird:

Auch die anderen Töne der Tonleiter haben ihre eigenen Namen, aber damit wollen wir uns jetzt nicht plagen, mit einer Ausnahme, die ich euch zu merken bitte: die *Dominante*. So wird in jeder Tonart der fünfte Ton der Tonleiter genannt; bei C-Dur ist die Dominante also das G:

und der Dominantakkord wird über diesem G gebildet:

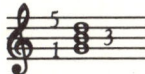

Nun kommt das Aufregende, wie diese beiden tonalen Mittelpunkte, die Tonika und die Dominante, sich zueinander verhalten. Wenn ich jetzt die Tonika und dann die Dominante, also in dieser Reihenfolge, spiele: Was spürt man da?

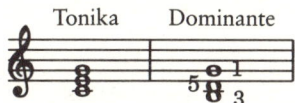

Irgend etwas scheint unbefriedigend, scheint ungelöst zu sein, nicht wahr? Es zieht uns wieder zur Tonika zurück, von der wir ausgegangen sind. Richtig? Dann spiele ich die beiden Akkorde in umgekehrter Reihenfolge, erst die Dominante und dann die Tonika:

Nun seid ihr zufrieden, oder? Ihr merkt, die Tonika wirkt wie ein Magnet; man kann sich von ihr entfernen, andere Akkorde spielen und in andere Tonarten wechseln, aber am Ende zieht es uns immer wieder zur Tonika zurück:

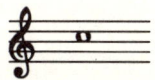

In diesem Magnetfeld – weg von der Tonika und wieder zurück zu ihr – liegt die Spannung, der Kontrast der verschiedenen Tonarten, das Aufregende der Sonatenform. Schauen wir einmal, wie das in einem richtigen Musikstück abläuft. Das Beispiel ist wieder von Mozart. Natürlich läßt er seine Sonate in der Grundtonart, der Tonika, beginnen; das erste Thema der bekannten *C-Dur-Klaviersonate* (KV 545) steht also in C-Dur:

Aber nun führt er uns, wie ein Zauberer, weg von der Tonika und lockt uns in eine neue Tonart, die Dominante:

Da sind wir in der Dominante gelandet: in G-Dur. Und in dieser neuen Tonart stellt uns Mozart ein neues, sein zweites Thema vor:

Und dann, immer noch in G-Dur, erfindet er eine fanfarenähnliche Passage und beschließt damit die Exposition:

Fanfare

Jetzt hat er seine Musik ganz fest in G-Dur, der Dominante, etabliert. Der Expositionsteil dieses Sonatensatzes ist zu Ende.

An dieser Stelle in der klassischen Sonate treffen wir für gewöhnlich auf das Wiederholungszeichen, was bedeutet, daß wir den ganzen A-Teil, die Exposition, wiederholen, das heißt, ihn von vorn beginnen sollen. Wie bei dem Beatles-Song, wißt ihr noch? Das war die A-A-B-A-Form. Also hören wir die Exposition ein zweites Mal: erstes Thema, zweites Thema, Schlußgruppe, ausgehend von der Tonika und in der Dominante endend.

Die ganze Exposition ist wie der erste Akt eines Dramas: Jemand läuft von zu Hause weg – weg von der mächtigen Kraft der Tonika. Der nächste Akt, die Durchführung, macht das Drama noch aufregender, führt noch schneller weg von zu Hause, wandert durch entlegene Tonarten, besinnt sich aber und kehrt am Ende doch wieder nach Hause zurück – in den dritten Akt, die Reprise. Wir wollen weglaufen, etwas erleben, ausreißen, frei sein; aber immer zieht uns dieser Magnet wieder zurück. Das ist das Dramatische daran. Der Komponist, in unserem Fall Mozart, läßt im zweiten Teil der Sonate, der Durchführung, seiner Phantasie freien Lauf. Die Themen, die er uns in der Exposition vorgestellt hat, wandern nacheinander in entlegene Tonarten, wie eine Reise in fremde Länder.

Weil aber gerade diese *C-Dur-Sonate* von Mozart ziemlich kurz ist, ist auch der Durchführungsteil kurz geraten. Mozart nimmt als einziges Thema die kleine Fanfare aus der Schlußgruppe der Exposition und jagt sie in der Durchführung durch die verschiedenen Tonarten:

Das bringt uns zum dritten und letzten Teil der dreiteiligen Sonatenform, der Reprise.

In den meisten klassischen Sonaten ist das der Augenblick, in dem unser Magnet wieder die Oberhand gewinnt und uns zurück in die Tonika zieht. Und dann kommt die Exposition als dritter Teil der Sonate, als Reprise wieder – mit der Abweichung, daß wir hier die Grundtonart, die Tonika, nicht mehr verlassen. Sogar das zweite Thema und die Schlußgruppe, die wir vorher in der Dominante gehört hatten, müssen brav in der Tonika bleiben. In der Reprise müssen wir alles in der Grundtonart hören. Am Ende des Satzes befinden wir uns wieder zu Hause, in C-Dur, von wo wir aufgebrochen sind, und die dramatische Flucht ist zu Ende.

Natürlich steckt Mozart, wie alle Genies, voller Überraschungen. Nicht immer spielt er nach den Regeln, aber bekanntlich darf man die Regel erst brechen, wenn man sie schon völlig beherrscht. Mozarts Musik macht uns solchen Spaß, weil er beinahe öfter die Regeln bricht, als daß er sich an sie hält. In unserer *C-Dur-Sonate*, in der die Reprise ja eigentlich in der Grundtonart C-Dur stehen sollte, macht uns Mozart eine lange Nase. Er bleibt den Lockungen des C-Dur-Magneten gegenüber standhaft und setzt die Reprise in die unerwartete Tonart F-Dur:

Dann erst gibt Mozart nach, und der Tonika-Magnet siegt. Der Rest der Sonate bleibt im vertrauten C-Dur:

und der Satz ist zu Ende.

Das war gar nicht so schwer zu begreifen, oder? (Das Stück ist übrigens furchtbar schwer zu spielen, auch wenn es ganz leicht klingt.) Den formalen Aufbau kann man rasch erkennen. Versteht ihr nun, was ich mit Ausgewogenheit und Kontrast gemeint habe? Die Ausgewogenheit der dreiteiligen Form: Exposition, Durchführung, Reprise. Und der Kontrast zwischen der Tonika und der Dominante. Natürlich gäbe es noch viel mehr zu erklären: Zum Beispiel ist die kontrastierende Tonart nicht immer die Dominante; überall findet man Abweichungen von den Regeln. Dann gibt es besondere Einführungen, *Introduktionen*, am Beginn, am Ende vielleicht eine *Coda*, eine Art musikalisches Schlußwort; man muß sich schon eine Zeitlang damit beschäftigen, um alle Sonderfälle zu kennen. Aber die Grundform der Sonate bleibt immer gleich. Zwei Dinge müßt ihr euch merken: die magnetische Wirkung der Tonika und die A-B-A-Form. Wenn man mit diesem Wissen gewappnet ist, wird man sich in jeder klassischen Sonate zurechtfinden.

Um festzustellen, ob ich damit recht habe, schauen wir uns den letzten Satz eines Stücks aus dem 20. Jahrhundert an: Prokofieffs *Symphonie Classique*, eine herrlich freche Imitation der klassischen Sonatenform des 18. Jahrhunderts. Das erste Thema steht richtig in der Tonika:

und das zweite Thema in der Dominante:

und auch die Schlußgruppe in der Dominante:

Dann wird brav die ganze Exposition wiederholt. In der Durchführung werden diese drei Themen gründlich durcheinandergeschüttelt. Und dann folgt die Reprise, die alle Themen der Exposition bringt, und zwar alle in der Tonika. Ein perfektes Beispiel: die Sonatenform, einfacher und klarer geht's nicht mehr: A-A-B-A.

Ich hoffe, ihr werdet euch Prokofieffs *Symphonie Classique* einmal anhören und könnt dann im letzten Satz die Form genau verfolgen. Wenn ich nicht irre, seid ihr auf dem besten Weg, kluge Musikhörer zu werden. Wie ich anfangs sagte: Jeder kann eine Melodie oder einen Rhythmus hören und genießen. Das ist nicht schwer. Aber der wahre Musikhörer hört viel mehr; er hört die *Form* des Stücks so deutlich, wie man eine dreiteilige Brücke über den Fluß erkennt. Wenn ihr auch manchmal nicht ganz sicher seid, versucht es immer wieder; bald werdet ihr merken, wieviel Spaß es macht, mit neuen Ohren auch die musikalische Form herauszuhören.

Huldigung an Sibelius

In diesem Kapitel wollen wir uns mit dem großen finnischen Komponisten Jean Sibelius beschäftigen.

Sibelius war ein bedeutendes und eigenartiges Genie, und am besten versuchen wir ihn zu verstehen, indem wir uns sein wohl bekanntestes Orchesterstück anhören: *Finlandia*. Für ein so kurzes Stück ist es außerordentlich bewegend und leidenschaftlich. Aber nicht nur wegen seiner musikalischen Qualitäten ist es so berühmt; hinter der Musik steckt noch eine ganz andere Leidenschaft: die Heimatliebe, der Patriotismus.

Als Sibelius um 1900 *Finlandia* komponierte, war sein Heimatland nicht frei. Die Regierung unterstand dem zaristischen Rußland, und das kulturelle Leben wurde zum großen Teil von den anderen Nachbarn, den Schweden, beherrscht. Tatsächlich sprachen die Intellektuellen im Land nicht finnisch, sondern schwedisch; die alte finnische Sprache verachtete man und tat sie als Bauernsprache ab.

Aber während des 19. Jahrhunderts setzte sich die finnische Sprache immer mehr durch, und man entdeckte ihre Schönheit. Die alten finnischen Sagen und Märchen wurden allmählich als literarisch bedeutend erkannt und nicht mehr als primitive Volksdichtung verachtet. Die Menschen waren stolz auf ihre Gedichte, ihre alten Volkslieder, ihr finnisches Erbe. All dies waren Anzeichen einer Revolution, die sich im verborgenen zusammenballte – eine doppelte Revolution, die sich sowohl gegen die schwedische Kultur richtete als auch gegen die politische Bevormundung durch Rußland.

Sibelius' musikalische Dichtung *Finlandia* war, wie viele seiner Stücke, Teil dieser Revolution. Tatsächlich entzündete sich die Begeisterung der Finnen an diesem Musikstück mit seinen kriegerischen Rhythmen und seinen mitreißenden Melodien so sehr, daß die zaristische Regierung die Aufführung von *Finlandia* zeitweise verbot, vor allem während sozialer Unruhen. Das Stück wirkte wie Dynamit. Es wurde im Jahr 1900 durch das Philharmonische Orchester von Helsinki uraufgeführt, und man sagt, es habe mehr zur finnischen Unabhängigkeit beigetragen als tausend Reden und Flugblätter.

Ähnlich wie *Finlandia* rühren auch die Symphonien von Sibelius an die patriotischen Gefühle der Finnen. Für sie und viele Menschen in der ganzen Welt gilt seine *Zweite Symphonie in D-Dur* als ein Meisterwerk, das den Freiheitsgedanken verkörpert, das Ende der Unterdrückung. Das liegt zum einen an der zutiefst nationalen Musik: Nicht daß Sibelius wirklich finnische Volksmusik benutzte; er hat sogar einmal versichert, in keiner seiner Kompositionen ein finnisches Volkslied verwendet zu haben. Aber irgendwie *klingen* seine Themen wie Volkslieder; sie klingen finnisch und scheinen der finnischen Sprache abgelauscht.

Natürlich steckt in Sibelius' Musik weit mehr als nur Patriotisches. Sie ist so faszinierend, weil sie so viele formale Überraschungen bietet. Wie in einer Detektivgeschichte legt Sibelius von Anfang an Fährten, denen wir folgen sollen.

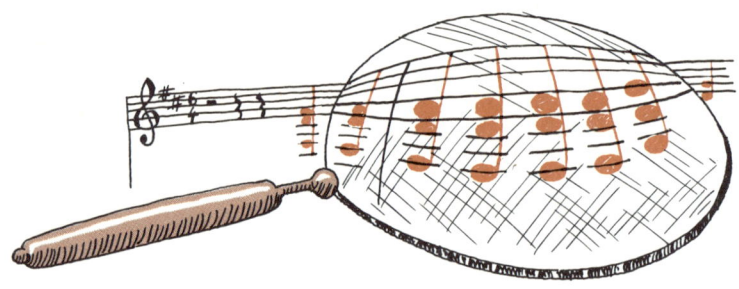

Über manche wundern wir uns, aber jede macht uns neugierig auf die nächste. Zum Schluß laufen sie alle zusammen, und wenn dann alles aufgeht, haben wir als Zuhörer das angenehme Gefühl, ein großes Geheimnis aufgedeckt zu haben.

Ich will euch das an einem Beispiel, einem einzelnen Faden in dem geheimnisvollen Knäuel, zeigen, der sich durch alle vier Sätze dieser Symphonie zieht. Der Faden, den ich meine, ist eine Tonleiter von drei aufsteigenden Noten:

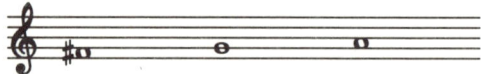

Einfacher geht's nicht. Dieses Motiv mit seinen drei Tönen wird bereits zu Beginn des ersten Satzes vorgestellt, ebenso wie die eine Begleitfigur, eine Art «Hm-tata, Hm-tata»; das klingt so:

Über dieser Begleitfigur erhebt sich das erste Thema. Und siehe da: Auch dieses Thema ist aus drei Noten der Tonleiter gebildet, nur in absteigender Folge, als wenn sie dem ersten Motiv widersprechen wollten:

Hier haben wir die Begleitung, und darüber das Thema:

Offensichtlich will uns Sibelius mit den beiden aufeinander bezogenen gegenläufigen Tonfolgen etwas mitteilen. Vielleicht will er uns andeuten, sein Geheimnis lasse sich möglicherweise mit Hilfe von drei schlichten Noten aus einer ganz gewöhnlichen Tonleiter lüften. Das kommt uns verrückt vor, vielleicht ist es sogar unmöglich. Doch machen wir uns auf die Suche nach weiteren Fährten, die immer eine Abwandlung des Motivs aus den drei Tönen sind, aber ganz verschieden aussehen können – aufwärts oder abwärts, wiederholt oder verändert oder ausgeweitet und so weiter. Im weiteren Verlauf des ersten Satzes werden diese Töne gezupft, einmal wachsen sie von drei Noten auf fünf an, ein andermal werden sie ganz laut und breiten sich aus wie ein Vogelschwarm:

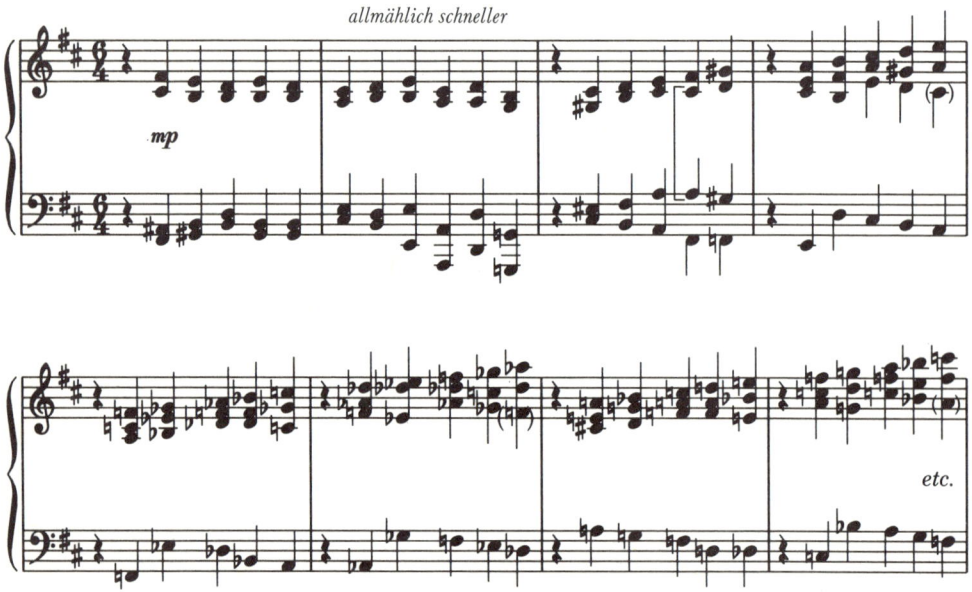

Dann kommen die Töne plötzlich im doppelten Tempo und schwirren umher wie ein riesiger Insektenschwarm:

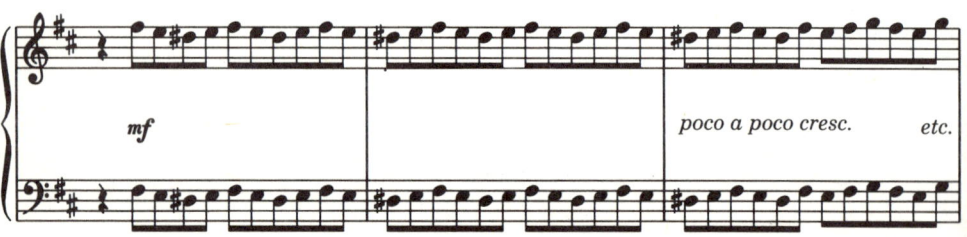

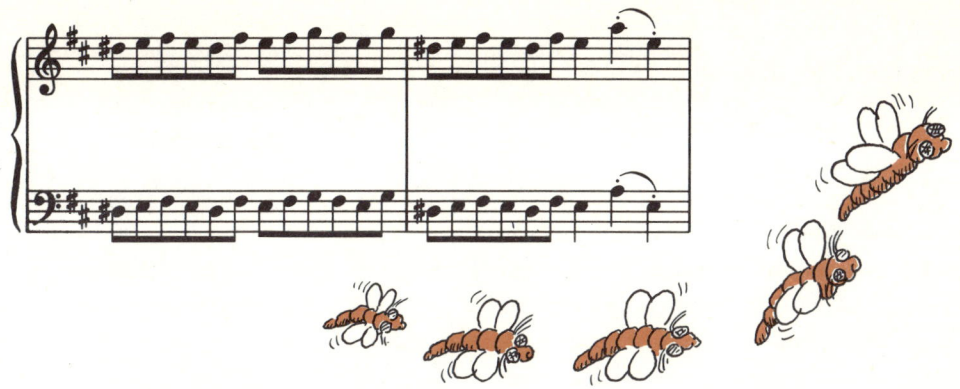

Das alles hat sich aus den anfänglichen drei Tönen entwickelt. Tatsächlich taucht dieses harmlose Stück Tonleiter im Lauf des ersten Satzes in hunderterlei verschiedenen Formen und Verkleidungen auf, und ähnlich geschieht es in den anderen drei Sätzen. Zum Beispiel enthält auch das Hauptthema des zweiten Satzes die aufsteigenden Noten, doch diesmal sind es vier:

Dieses Thema kommt auch auf anderen Tonstufen vor, beim Cello in absteigender Linie:

Es ist erstaunlich, was ein Genie wie Sibelius mit diesen kleinen Noten der Tonleiter alles anzustellen weiß. Im dritten Satz, dem Scherzo, haben wir wieder unsere drei Töne; diesmal schwirren sie in einer wilden Jagd durcheinander.

Stellt euch vor, diese wilde Jagd ist nur eine neue Verkleidung unserer ursprünglichen drei Töne, die zu einem Sturm aufgewirbelt werden.

Die eine Fährte, der wir gefolgt sind, erscheint in immer neuer Verkleidung: nachdenklich, wild, lieblich, freundlich. Und schließlich kommen wir zum letzten Satz; die Trompeten leiten ihn mit einem ganz schlichten Thema ein, das wieder aus unseren ersten drei Tönen entwickelt ist:

Endlich scheinen wir die Lösung gefunden zu haben. Hier ist sie klar und deutlich zu hören. Aber gemach. Noch eine letzte Verkleidung unserer drei Töne müssen wir enthüllen, die vielleicht die eindrucksvollste in der ganzen Symphonie ist: Diesmal erscheinen sie als ein trauriges, klopfendes Volksliedmotiv in der Moll-Tonart:

Dieses kleine Motiv wird nun wie eine fixe Idee ständig wiederholt, und darunter kehren die Tonleitern – übrigens die selben wie vorhin – in einer großen Schlangenbewegung immer wieder.

Diese Schlangenfiguren gehen auf und ab und werden dabei immer mächtiger, immer lauter und klangvoller, bis sie schließlich in die Dur-Tonart ausbrechen. Das schlichte Trompetenmotiv vom Anfang kehrt wieder, und das Stück endet in einer überwältigenden Schlußfanfare. Endlich haben wir begriffen, wohin diese Drei-Töne-Fährte geführt hat. Man kann für diesen Schluß viele Deutungen finden:

> Freude, wenn der Sturm vorüber ist;
> einen Berg zu besteigen und endlich den Gipfel zu erreichen;
> einen Wettkampf zu gewinnen;
> ein Examen bestanden zu haben;
> eine Krankheit glücklich überstanden zu haben.

Für die Menschen in Finnland hatte er nur eine einzige Bedeutung: Freiheit!

Musikalische Atome: die Intervalle

Hier haben wir einen Ton. Spielt ihn einmal auf dem Klavier; das kann ganz hübsch klingen:

Aber ist das schon Musik?

Keineswegs. Ein einziger Ton macht noch keine Musik – nicht einmal ein Molekül oder gar Atom. Ein einzelner Klang ist eher ein Proton oder Elektron, die für sich allein ziemlich bedeutungslos sind. Man benötigt zumindest von jeder Sorte eines, also zwei Atomteilchen, um ein Atom zu schaffen.

So ist es auch in der Musik: Man braucht mindestens zwei Töne, um ein Atom der Musik zustande bringen zu können; denn mit dem einen einsamen Ton geschieht ja nichts.

Haben wir jedoch zwei Töne:

fühlt man eine Beziehung, eine gewisse Spannung zwischen ihnen. Das ist bereits der Anfang von dem, was wir Musik nennen. Und mit drei Tönen macht die Musik noch mehr Sinn:

Und ehe wir's uns versehen:

haben wir den *Donau-Walzer*.

Was ist geschehen? Diese musikalischen Protonen und Elektronen (also die beiden verschieden hohen Töne) haben sich in eine Beziehung gesetzt, haben «Atome» gebildet, später «Moleküle», und schließlich ist daraus etwas Erkennbares erwachsen – der *Donau-Walzer*. Wir begreifen, daß zu einem musikalischen Atom mindestens zwei Töne gehören, deren Beziehung wir das *Intervall* nennen. Dieses Intervall ist außerordentlich wichtig, ist gewissermaßen Herz und Seele der Musik. Musik besteht eben nicht nur aus einzelnen Tönen, sondern auch aus den Intervallen *zwischen* ihnen. Daher wollen wir uns diesen Begriff Intervall ganz gut einprägen.

In der Musik messen wir die ablaufende Zeit, indem wir sie durch Tempoangaben, durch Takt und Rhythmus organisieren. Aber wir messen die Musik auch noch auf andere Weise – vor allem nach ihren Tonhöhen, die von jenen Intervallen markiert werden, von denen eben die Rede war. Denn das Intervall benutzen wir, um die Distanz von einem Ton zum anderen zu bestimmen.

Wie stellen wir das an? Stellen wir uns einmal vor, wir hätten ein langes Metermaß, dessen Markierung von «null» bis «unendlich» zeigt.

Null steht für die tiefen Töne, unendlich für die ganz hohen, von denen man sagt, daß sie nur Hunde noch hören können. Wir wollen unser Maß jetzt in Meter aufteilen, so daß wir bei jedem neuen Meter denselben Ton C erhalten, jeweils eine Oktave höher. Nehmen wir beispielsweise das tiefe C als unseren tiefsten Ton und markieren auf unserem Bandmaß eine «Null» bei dieser Note:

Ziehen wir das Bandmaß einen Meter weiter, gelangen wir zum nächsten C:

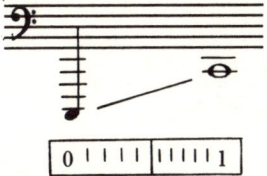

Ein weiterer Meter bringt uns zum nächsten:

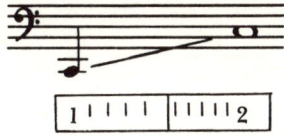

Und so geht es immer höher und höher:

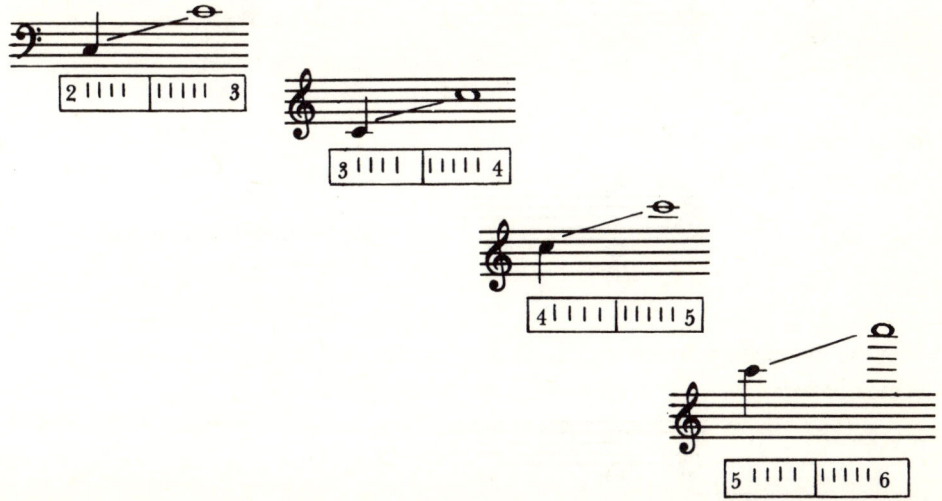

Jeder Meter, den wir auf unserem Bandmaß abtragen, markiert eine Entfernung in der Musik, die wir *Oktave* nennen (das stammt aus dem lateinischen Wort octo = acht). Denn auf der Tonleiter gehen wir immer acht Stufen auf- oder abwärts, bis wir wieder denselben Ton erreichen, nur eine Oktave höher oder tiefer:

Dieses ist eine Spanne von acht Tönen, ein Intervall von acht Tönen, das wir Oktave nennen:

Alle kleineren Abschnitte innerhalb einer Oktave nennt man auch Intervalle. Bei sieben Tönen:

   nennt man sie *Septime.*

Umspannt sie sechs Töne:

   ist es eine *Sexte,* und so fort.

Bei nur zwei Stufen:

   nennt man es eine *Sekunde.*

Aber die Intervalle können auch über den Umfang einer Oktave hinausgehen. Das ist eine *None*:

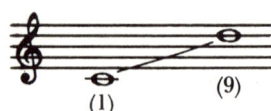

Oder eine *Dezime*:

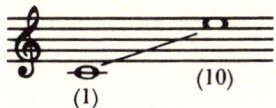

und so weiter. Für unsere Zwecke wollen wir innerhalb einer Oktave bleiben – einen Meter auf unserem Bandmaß. Nur sollten wir nie vergessen, daß die Intervalle nicht immer auf der ersten Stufe unserer Leiter beginnen müssen:

Sie können überall beginnen. Wenn ich zum Beispiel irgendwo auf der Leiter, sagen wir auf dem E, beginne

und bis zum G darübergehe:

habe ich natürlich auch eine *Terz*.
Oder von diesem G:

weiter nach oben bis zum C:

da erhalte ich eine *Quarte*.

Freilich müssen diese Intervalle nicht nur aufwärts gehen. Sie können es genausogut nach abwärts. Das Intervall der Quarte, das wir eben fanden:

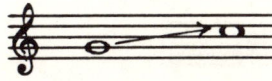

kann man natürlich umdrehen und abwärts führen:

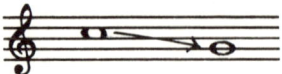

Es ist dasselbe Intervall geblieben. Und vor allem: solche Intervalle müssen nicht aufwärts oder abwärts *gehen*, sondern beide Töne können auch gleichzeitig erklingen, wenn man sie zusammenspielt:

Es ist dieselbe Quarte geblieben, nur zusammengespielt. Das kann man mit einer Terz genausogut machen:

Und auch mit einer Sekunde:

Jetzt machen wir eine interessante Feststellung: Von der *Melodie*, bei der die Töne nacheinander erklingen:

sind wir ins Gebiet der *Harmonie* gelangt, wo die Töne gemeinsam erklingen.

Diese gleichzeitig erklingenden Töne sind das Material für die *Akkorde*. Nehmen wir die Quarte von vorhin:

und fügen einen weiteren Ton hinzu: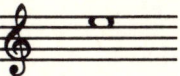

so haben wir einen Akkord:

Wir merken uns: Intervalle können in der Zeit nacheinander oder gleichzeitig auftreten, je nachdem, ob sie melodisch oder harmonisch verstanden werden. Das ist die Grundlage jeder Musik.

Laßt mich mit einem kleinen Beispiel erläutern, wie diese Vertikal-Horizontal-Beziehung funktioniert. Nehmen wir die folgende, in Sekundenschritten absteigende Reihe von Tönen, absteigende Intervalle:

Nun nehmen wir dieselbe Intervallreihe und unterlegen ihr drei verschiedene Akkorde, also vertikal gebrauchte Intervalle – also verschiedene Harmonien. Ich bin sicher, jeder von euch merkt sofort jedesmal den musikalischen Unterschied:

Und es kommt euch zugleich bekannt vor. Kein Wunder, es ist das Melodienge-rüst des Beatle-Songs «Help!»:

Moderato

Help me if you can. I'm feel-ing down _____ And I do ___

___ ap - pre - ci - ate ___ you be - ing 'round _____

Help me get ___ my feet back on the ground _____ etc.

Da ist noch etwas, das man wissen müßte, bevor man die Intervalle richtig begreift, ob bei den Beatles oder bei Brahms, und das ist die *Umkehrung* (oder Inversion) der Intervalle. Das ist etwas heikel, also paßt gut auf. Etwas umkehren heißt etwas zurückdrehen oder etwas auf den Kopf stellen. So denkt ihr, ein Intervall umkehren – sagen wir, eine Terz nach oben:

hieße, sie einfach rückwärts zu spielen:

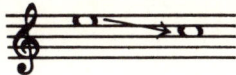

als eine *absteigende* Terz. Aber absteigen heißt ja nicht umkehren. Um ein Intervall umzukehren, mag man zuerst seine beiden Töne vorwärts oder rückwärts spielen, dann aber *in die andere Richtung*. Schwer zu begreifen? Eigentlich nicht. Hier haben wir dieselben beiden Töne:

eine *aufsteigende* Terz. Wenn wir nun dieses Intervall umkehren wollen, spielen wir dieselben Noten in derselben Reihenfolge, aber jetzt nach unten:

Was ist geschehen? Es ist ja keine Terz mehr! Sie hat sich in eine Sexte verwandelt. Was eine Terz war, ist nun eine Sexte – dieselben Töne, nur umgekehrt. Nehmen wir nun an, wir hätten mit demselben Intervall angefangen, aber als *abfallende* Terz:

Um dieses Intervall umzukehren, spielen wir wieder dieselben Töne, diesmal aber nach oben:

Und wiederum erhalten wir eine Sexte.

Was bedeutet das? Jedesmal, wenn wir ein Intervall umkehren, erhalten wir ein anderes. Und dieses neue Intervall, das wir durch Umkehrung erhalten, finden wir, indem man die Zahl des alten Intervalls von der Zahl neun abzieht. Ist das eine Überraschung? Wir haben ja gesehen: eine Terz wird in eine Sexte umgekehrt; und 3, von 9 abgezogen, ergibt 6. Gleichermaßen wird eine Sekunde:

in eine Septime umgekehrt:

2, von 9 abgezogen, ergibt 7. Und die Quarte:

wird in eine Quinte umgekehrt:

4, von 9 abgezogen, ergibt 5. Eine Quinte wird auch zur Quarte umgekehrt, eine Sexte zur Terz, eine Septime zur Sekunde. Alles klar?

Jetzt machen wir einen gewaltigen Sprung von den Beatles zu Brahms, um einmal nachzuschauen, was das alles mit dem ersten Satz von Brahms' *Vierter Symphonie* zu tun hat. Nur soviel zunächst: Brahms, der große Meister, hat diesen Satz fast ausschließlich auf dem Intervall der Terz aufgebaut sowie ihrer Umkehrung, der Sexte. Daß ein Mann wie Brahms das tut, ist erstaunlich. Sehen wir uns das an ein paar Beispielen an. Das herrliche erste Thema beginnt den Satz mit einer fallenden Terz:

die sogleich mit einer aufsteigenden Sexte, eben der Umkehrung, beantwortet wird:

Wieder folgt eine fallende Terz:

und wiederum die aufsteigende Sexte:

Was an dieser Konstruktion so fasziniert, ist der gleichmäßige Abstand einer Terz, der zwischen jedem der beschriebenen vier Motive liegt! Schaut – die Terz zu Beginn

und nun antwortet die Sexte, indem sie eine Terz tiefer ansetzt:

Nun beginnt, wiederum zwei Töne tiefer, die zweite Terz:

Wiederum eine Terz tiefer folgt die Antwort der nächsten Sexte; eine grandiose Konstruktion:

Das ist faszinierend wie die Errichtung eines großartigen Gebäudes. Aber ergibt es auch schöne Musik? Nun, setzt euch ans Klavier und versucht das folgende zu spielen:

Ziemlich vielversprechend, oder nicht?

Und das sind erst vier Takte. Natürlich kann sich Brahms nicht fortwährend nur an Terzen und Sexten klammern. In der nächsten Phrase erweitert er das fallende Intervall zu einer Oktave:

Dann wieder zu einer aufsteigenden Terz:

Wieder eine Oktave:

Und wieder eine Terz:

Wenn Brahms dann beginnt, seine Themen zu entwickeln, bringt er noch andere Intervalle ins Spiel: Quarten, Sekunden und alles mögliche. Wichtig bleibt: Der Anfang seines Themas entwickelt sich innerhalb von vier Takten aus den Intervallen der Terz und ihrer Umkehrung, der Sexte.

Fahren wir ein wenig fort in diesem Satz bis zum zweiten Thema; was finden wir? Es ist ebenfalls fast ausschließlich aus Terzen gebaut:

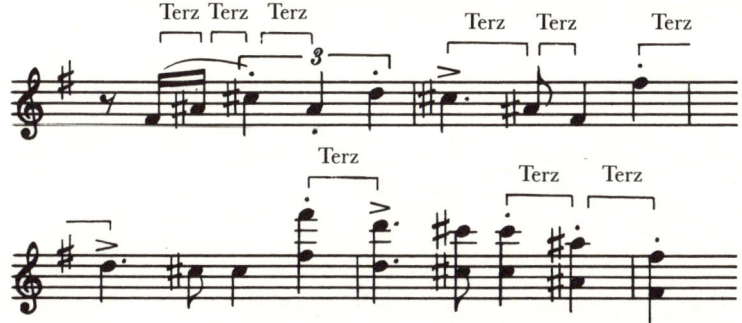

Unglaublich! Aber wenn das Thema sich weiterentwickelt, beginnen wir plötzlich unruhig zu werden, weil plötzlich keine Terzen mehr zu hören sind:

Schauen wir näher hin, stellt sich heraus, daß die Begleitung zu diesem melodischen Thema, in den Unterstimmen, aus nichts weiter als absteigenden Terzen besteht, die auch noch jeweils in Terzschritten abwärts geführt sind:

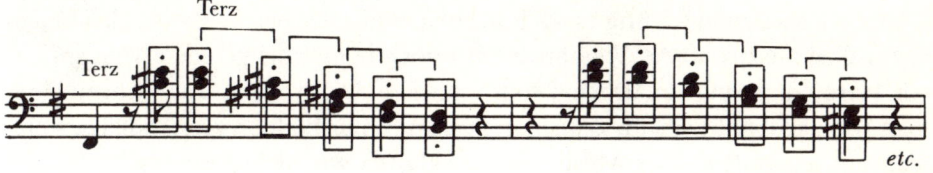

Ist das nicht großartig und typisch für Brahms, den Meisterarchitekten?

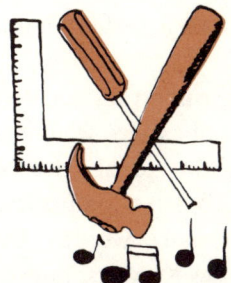

Hier haben wir dieses Thema mit der Begleitung:

So geht es den ganzen Satz hindurch – Exposition, Durchführung, Reprise, Coda; überall sehen wir Terzen und Sexten auf geniale Weise miteinander verknüpft, horizontal und vertikal und in allen möglichen Umkehrungen.

Vielleicht denkt ihr, dieses ganze Gerede von den Intervallen ist nur wichtig für Komponisten und Berufsmusiker, nicht für den gewöhnlichen Hörer. Aber ich versichere euch, wie wichtig es auch für den musikalischen Laien ist, sich in den Intervallen auszukennen. Von ihnen wird doch immerfort geredet: Man spricht von Harmonisierung «in Terzen», vom Singen «in Oktaven» und ähnlichem. Weiß man also darüber Bescheid, kann man sich sofort musikalisch verständigen, wenn man mit jemandem über Musik spricht. Hatten wir nicht festgestellt, daß die Intervalle die Atome aller Musik sind? Was könnte also wichtiger sein? Laßt uns daher fortfahren und noch Genaueres über die Intervalle in Erfahrung bringen.

Erinnert ihr euch an das Metermaß, mit dem wir jedesmal eine Oktave markiert haben? Ich weiß genau, daß ich vorhin behauptet habe, eine Oktave umfaßt acht Töne (daher der Name Oktave). Aber da habe ich von einer normalen Dur-Tonleiter gesprochen, bei der jedoch nur *einige* Töne innerhalb der Oktave benutzt werden. Die C-Dur-Leiter benutzt beispielsweise nur die weißen Tasten des Klaviers, und zwar acht, von C bis zum nächsten C, darüber oder darunter.

238

Aber es gibt ja auch schwarze Tasten, und insgesamt haben wir dann innerhalb einer Oktave zwölf Töne, die in ihrer Tonhöhe alle gleich weit voneinander entfernt sind. Mit dem dreizehnten Ton sind wir wieder beim C gelandet, wie ihr am nächsten Notenbeispiel erkennen könnt.

Die Entfernung zwischen zwei benachbarten Tönen nennen wir eine *Sekunde*, und zwar, was neu für euch ist, eine *kleine Sekunde*. Das ist das kleinste Intervall in unserem abendländischen Musiksystem. Ich sage «abendländisch», weil es andere Musiksysteme, zum Beispiel bei den Hindu, gibt, die eine Oktave in viel mehr Intervalle aufteilen. Wir «westlichen» Musiker haben aber unsere Oktave in zwölf gleiche Intervalle aufgeteilt, in zwölf kleine Sekundschritte:

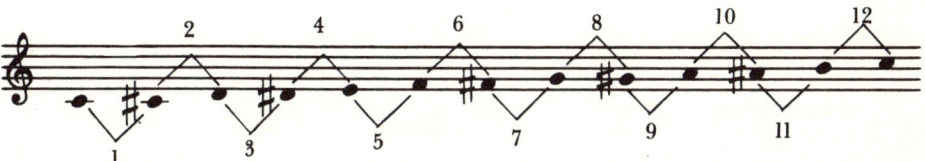

Wenn es nun eine kleine Sekunde gibt:

kleiner Sekundschritt

muß es doch auch eine *große Sekunde* geben. Hier ist sie:

großer Sekundschritt

Sie ist doppelt so groß wie die kleine. Ich weiß, daß das ziemlich verwirrend klingt, aber ich möchte, daß ihr ganz genau den Unterschied zwischen kleinem und großem Sekundschritt erfaßt. Denn das neue Stück, das wir uns jetzt anschauen wollen, basiert auf Themen, die aus großen und kleinen Sekundschritten gebildet sind. Dieses hochinteressante Werk ist wieder einmal eine *Vierte Symphonie*, diesmal von dem bedeutenden englischen Komponisten Ralph Vaughan Williams. Wollen wir einmal sehen, was Vaughan Williams im ersten Satz seiner Symphonie mit diesen kleinen Intervallen alles anstellt.

Schon in den ersten Takten des ersten Satzes präsentiert er uns kleine Sekund-schritte, als ob er sagen wollte: «Das ist das Kennzeichen meiner Symphonie»:

Es ist nichts als ein absteigender kleiner Sekundschritt:

Und es folgt eine abfallende Oktave:

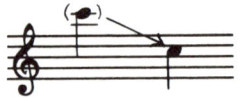

Um daraus ein richtiges Thema zu bauen, wiederholt er den kleinen Sekund-schritt:

dem ein weiterer abfallender kleiner Sekundschritt aus größerer Höhe folgt:

Dann geht es noch höher hinauf, und wir hören zwei Paare von abfallenden kleinen Sekundschritten:

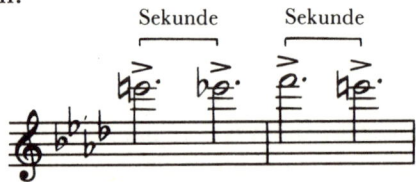

Und diese vier Töne:

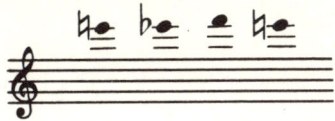

bilden das Grundmotiv, eine Art Motto für die gesamte Symphonie.

Dieses Motto können wir durch das ganze Werk verfolgen, schneller oder langsamer, durch verschiedene Rhythmen geschüttelt. Dieses Anfangsthema macht einen ziemlich zerrissenen Eindruck, weil der eine Ton dieses kleinen Intervalls von hohen Instrumenten gespielt wird:

während die tiefen Instrumente den anderen spielen:

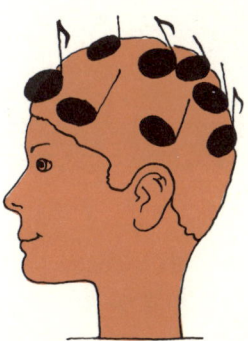

Das klingt ganz schön dissonant! Wenn nämlich unser Intervall (eine kleine Sekunde) vertikal, also übereinander, das heißt, gleichzeitig ertönt, dann gibt das eine ganz gesalzene Harmonie:

Und hier haben wir das ganze Thema – ziemlich streng und bissig:

Was als nächstes passiert, hat wiederum mit kleinen Sekundschritten zu tun. Jetzt kriechen sie langsam nach oben wie eine Seeschlange:

So sieht das aus – erstaunlich, was man mit diesen kleinen Intervallen alles anstellen kann. Tatsächlich werden diese Möglichkeiten in allen vier Sätzen des Werks immer wieder erforscht. Im folgenden Satz etwa werden die kleinen

Sekundschritte wie in einem langsamen Lied gespielt. Der schönste Augenblick kommt kurz vor dem Schluß, wenn die Soloflöte eine traurig klingende Melodie spielt, die fast nur aus fallenden kleinen Sekundschritten besteht:

Aber unten in den tiefen Blasinstrumenten blasen die Posaunen sanfte Akkorde, die ihrerseits – ist es Hexerei? – aus dem viertönigen Motto des ersten Satzes gebildet sind:

Hier sehen wir die Flötenmelodie und diese Akkorde zusammen wie in einem kunstvollen Netz aus kleinen Sekundschritten:

Erstaunlich, wie geheimnisvoll diese winzigen Intervalle wirken können.

Dann bricht ganz abrupt der dritte Satz herein – fröhlich schmetternd, als ob er den geheimnisvollen Nebel wegwischen wollte. Doch schon nach kurzer Zeit ertönt in den Blechbläsern unser Vier-Töne-Motto, danach rascher in den Holzbläsern, dann noch schneller in den Streichern, als wenn man uns wissen lassen wollte, daß das Problem mit den Sekundschritten vom ersten Satz noch nicht erledigt ist:

Es scheint, als ob in allen drei Sätzen die Aufgabe gestellt würde, das Geheimnis der kleinen Sekundschritte endlich zu lösen. Im letzten Satz haben wir dann das Gefühl, es ist gelungen, wenn das lärmende Thema losbricht.

Woran liegt es, daß wir hier das Gefühl haben, erlöst und befreit zu sein? Wahrscheinlich dies: Nachdem wir uns drei Sätze lang mit allen möglichen kleinen Sekundschritten herumgeplagt haben, wirkt das lärmende Thema des Schlußsatzes plötzlich so triumphal, weil es die kleine Sekunde in eine große verwandelt:

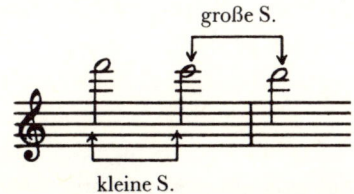

Der Effekt ist wie eine klare, offene Aussage. Nun sind freilich auch große Sekundschritte nicht so weiträumig wie etwa Quarten oder Quinten:

Aber verglichen mit jenen winzigen kleinen Sekundschritten, die wir drei Sätze lang in jeder nur denkbaren Form gehört haben, empfinden wir eine große Sekunde fast wie ein weit geöffnetes Himmelstor. Seht doch selbst, welcher Unterschied:

Dagegen das, was Vaughan Williams komponierte:

Hier haben wir ein Beispiel von der Magie eines Intervalls. In den Händen eines genialen Komponisten wächst eben ein kleines bescheidenes Intervall zu majestätischer Größe.

Im Finale, dem letzten Satz, werden die Sekundschritte um und umgedreht: kleine und große, aufsteigende und absteigende, in allen möglichen rhythmischen Formen und kontrapunktisch verwoben mit allen auftretenden Themen dieses Schlußsatzes. Doch auf dem Höhepunkt dieser aufregenden Entwicklung, wenn jeder um sein Leben zu musizieren scheint, auf der letzten Partiturseite, bricht der Komponist ab und kehrt zurück zu der dissonanten Klage und Verzweiflung des Kopfsatzes, und mit sechs unerbittlichen Hammerschlägen kommt die Symphonie zu einem bitteren Ende.

Warum solch ein plötzlicher, kurzer, zorniger, dissonanter Schluß nach einem ganzen fröhlichen Satz, der uns glauben machte, wir hätten uns befreit? Nun,

Vaughan Williams scheint uns sagen zu wollen: «Liebe Zuhörer, so ist eben die Welt!»

Wir wollen hier innehalten, weil weitere Erkundungen vielleicht mehr Verwirrung als Klarheit brächten. Als nächstes solltet ihr euch eine gute Schallplattenaufnahme der *Vierten* von Brahms und der *Vierten* von Vaughan Williams beschaffen und in die großartige Welt der musikalischen Atome eintauchen.

Verschiedene Tonarten

Mit verschiedenen Tonarten meine ich zweierlei: Zum einen sind es Tonleitern, die mit verschiedenen Grundtönen anfangen. Zum anderen – und davon will ich heute sprechen – sind es verschiedene *Arten* oder *Modi* von Tonleitern; es gibt nämlich eine Reihe von ganz besonderen Tonleitern, die ihr wohl noch nie auf dem Klavier oder einem anderen Instrument gespielt habt. Ich hätte nicht im Traum daran gedacht, euch damit zu plagen, wenn mich nicht meine vierzehnjährige Tochter Jamie eines Tages gefragt hätte, warum einer von den Beatles-Songs so «komische» Harmonien habe. Sie konnte auf ihrer Gitarre einfach nicht die richtigen Akkorde dafür finden. Ich fing an, ihr zu erklären, daß dieser Song in einer *modalen*, einer *Kirchentonart* steht, und zeigte ihr die entsprechenden Akkorde. Sie fand das ziemlich aufregend und wollte immer mehr darüber wissen und fragte, warum ich das nicht einmal in den Programmen für junge Hörer behandeln wolle; denn kein Mensch hätte davon die geringste Ahnung. Wenn das Jamie interessiert und begeistert, dachte ich mir, die ein ganz normal musikalisches Kind ist, das einmal in der Woche zur Klavierstunde geht, warum sollte es nicht auch euch interessieren? Die Schuld daran, daß ich euch jetzt etwas darüber erzähle, könnt ihr also meiner Tochter in die Schuhe schieben.

Was haben wir bisher erfahren? Daß eine Tonart eine Tonleiter ist. Was aber ist eine Tonleiter? Natürlich wißt ihr es, aber ihr habt vielleicht noch nie versucht, es in Worte zu fassen. Eine Tonleiter ist die Unterteilung der Entfernung zwischen einem Ton und dem Ton eine Oktave darüber:

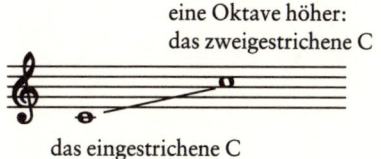

eine Oktave höher:
das zweigestrichene C

das eingestrichene C

Die gebräuchlichste Unterteilung der Oktave in unserer westlichen Musik wird *Dur-Tonleiter* genannt:

Ich glaube, die kennen wir alle. Eine andere ist genauso bekannt und heißt *Moll-Tonleiter*:

Das ist also auch bekannt. Was ist aber der Unterschied zwischen den beiden? Viele meinen, daß die Dur-Tonleiter heiter klingt und die Moll-Tonleiter traurig. Das stimmt manchmal, aber nicht immer. Der wahre Unterschied hat etwas mit den *Intervallen* zu tun. Erinnert ihr euch an das Kapitel über die musikalischen Atome, wo wir uns mit den Intervallen beschäftigt haben (siehe S. 225 ff.)?

Ihr erinnert euch, daß das kleinste Intervall – also die kürzeste Entfernung einer Note zur nächstbenachbarten – *Halbton* genannt wird; man kann auch sagen: «kleine Sekunde». Von C nach Cis ist so ein Halbtonschritt, von Cis nach D ebenfalls. Aber von C direkt nach D ist ein *Ganzton*, weil zwei halbe Tonschritte einen ganzen ergeben. Die C-Dur-Tonleiter besteht aus einer Anzahl von Halbton- und Ganztonschritten, aber in einer bestimmten Reihenfolge. Von C nach D ist ein Ganzton; von D nach E ebenfalls; von E nach F aber nur ein Halbton (wir haben ja nichts übersprungen); dann folgen drei weitere Ganztöne: F nach G, G nach A, A nach H; und schießlich ein Halbton von H nach C:

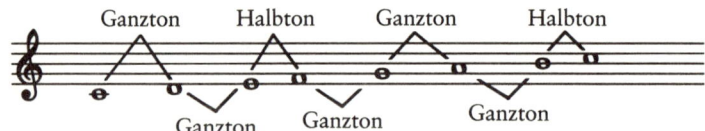

Das ist die Formel für jede Dur-Tonleiter, egal, ob sie mit dem C anfängt oder mit dem Es oder dem Fis und so weiter: zwei Ganztöne, ein Halbton, drei Ganztöne und ein Halbton.

Die Moll-Tonleiter hat fast dieselbe Reihenfolge von Intervallen mit Ausnahme der dritten Note in der Tonleiter, die in der Moll-Tonart ein Halbton ist.

Auch hier spielt es keine Rolle, mit welchem Ton die Moll-Tonleiter anfängt. Die Reihenfolge bleibt immer dieselbe. Hier haben wir eine B-Dur-Tonleiter:

Und hier ist eine b-Moll-Tonleiter:

Und hier ist die fis-Moll-Tonleiter:

Und so fort. Wir müssen im Auge behalten, daß die Komponisten der westlichen Welt fast ausschließlich die Dur- und Moll-Tonleitern verwendet haben. Aber diese beiden sind nicht die einzigen; es gibt noch eine Menge anderer Modi.

Bevor ich euch von diesen anderen Tonarten erzähle, will ich euch mit einem herrlichen Musikstück bekannt machen, das der französische Komponist Claude Debussy geschrieben hat und in dem er weder Dur- noch Moll-Tonarten verwendet. Es ist ein sehr virtuoses Stück, das den Titel *Fêtes* («Feste») trägt und in dem er alle möglichen anderen Tonarten verwendet, über die wir uns noch nicht den Kopf zerbrechen wollen. Dafür werdet ihr eine Reihe fremdartiger Klänge hören, die wundervoll klingen, wenn auch ein wenig seltsam. Wenn wir mit diesem Kapitel zu Ende gekommen sind, werdet ihr viel von den eigenartigen harmonischen Vorgängen in diesem Stück verstehen.

Stellt euch also jetzt einmal vor: ein nächtliches Fest mit vielen bunten Laternen und einem grandiosen Feuerwerk. Die Leute tanzen in altmodischen Kostümen.

Plötzlich, mitten im Stück, hört die Tanzmusik auf, und in der Ferne hört man die Klänge einer Prozession, die immer näher kommt. Wenn die Prozession ganz nahe ist, setzt die Tanzmusik wieder ein, und wir hören beides gleichzeitig in einer aufregenden Mischung von wild durcheinanderwirbelnden Klängen. Wenn das Stück zu Ende geht – es ist spät geworden, die Leute werden immer weniger, ebenso wie die Musik –, erinnert uns nur noch ein leises Echo an das verklungene Fest.

Ein aufregendes Stück, das uns eine Gänsehaut macht. Zum Teil rührt das daher, daß Debussy jene Tonarten verwendet, die weder Dur noch Moll sind. Gleich zu Beginn hören wir einen kräftig antreibenden Rhythmus in leuchtenden, glänzenden, offenen Intervallen von hohlen Quinten, so daß wir nicht wissen, ob Dur oder Moll gemeint ist.

Diese hohlen Quinten enthalten nämlich weder die dritte Note der Dur-Tonart, was sie in Dur-Akkorde verwandeln würde:

noch die dritte Note der Moll-Tonart, die sie in Moll-Akkorde verwandeln würde:

Sie sind leer, hohl. Und bald erklingt darunter ein turbulenter Tanzrhythmus:

Das hört sich zunächst wie eine gewöhnliche Moll-Tonleiter an, denn die ersten fünf Töne sind dieselben wie die ersten fünf Töne der Moll-Tonleiter:

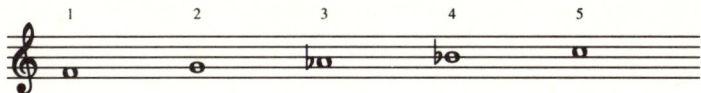

Aber dann kommt die Überraschung. Die sechste Note gehört zu keiner der Moll-Tonleitern, wie wir sie kennen:

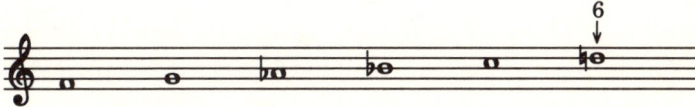

Ist das nicht seltsam? Debussys Motiv sieht doch aus wie eine Tonleiter, oder?

Was für eine Tonleiter ist das? Antwort: die *dorische* Tonart. Laßt euch von diesem Wort nicht irre machen. Immer ruhig Blut und ganz sachte herausfinden, was es mit dieser dorischen Tonart auf sich hat. Das Wort selbst stammt aus dem Griechischen, wo es auch einen bestimmten Baustil bezeichnet. Und tatsächlich stammt diese dorische Tonart, wie auch noch weitere, die wir gleich entdecken werden, aus der Musik der griechischen Antike. Über die Musik der alten Griechen wissen wir herzlich wenig, lediglich, daß die griechischen Tonarten später ins antike Rom gelangten und die römisch-katholische Kirche sie in etwas veränderter Form im Mittelalter bei ihren Gottesdiensten gebrauchte; daher auch

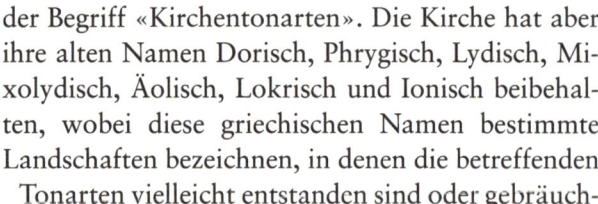

der Begriff «Kirchentonarten». Die Kirche hat aber ihre alten Namen Dorisch, Phrygisch, Lydisch, Mixolydisch, Äolisch, Lokrisch und Ionisch beibehalten, wobei diese griechischen Namen bestimmte Landschaften bezeichnen, in denen die betreffenden Tonarten vielleicht entstanden sind oder gebräuchlich waren.

Das war ganz schön viel auf einmal, nicht wahr? Aber diese Tonarten sind viel leichter zu erkennen, als ihre Namen auszusprechen sind. Und auf der ganzen Welt werden sie noch heute im einstimmigen Choralgesang der katholischen Kirche gesungen. Hier folgt ein kleiner Ausschnitt aus einem Choral in der dorischen Tonart:

Mi - se - re, – re A – – men, Al - le - lu – ia

Kirchengesang in der dorischen Tonart, mit genau derselben Tonleiter, also derselben Reihenfolge von Ganz- und Halbtönen, wie in Debussys *Fêtes*. Aber wie sieht diese Tonleiter aus? Ganz einfach: Man sucht sich am Klavier ein D und

schlägt nacheinander alle weißen Tasten an, bis zum nächsthöheren D. Da haben
wir die dorische Tonleiter:

So leicht geht das. Und so leicht geht es auch mit den anderen Kirchentonarten.
Man nimmt einen bestimmten Ton und spielt von da aus – *nur auf den weißen
Tasten* – eine Tonleiter. Ist das nicht praktisch? Und besonders praktisch ist es
auch, daß die dorische Tonart auf dem D und das Wort Dorisch mit demselben
Buchstaben beginnt. Das könnt ihr euch gut merken: Dorisch, großes D, Dorisch,
Note D, immer aufwärts nur auf weißen Tasten. Bitte sehr. Hier folgt ein weiteres
Stück in der dorischen Tonart. Ich bin gespannt, ob ihr es kennt:

«Along Comes Mary» war in den sechziger Jahren ein großer Hit der Gruppe «The Association» von Tandyn Almer und steht in derselben ehrwürdigen Tonart wie Debussys Stück und der Kirchengesang. Wer hätte das gedacht, daß die alten Griechen noch heute in der Pop-Musik herumgeistern? Ich werde es euch erklären.

Ungefähr von Bachs Zeit bis zum Anfang unseres Jahrhunderts – also rund zweihundert Jahre lang – hat sich unsere westliche Musik, wie ich schon erwähnte, vor allem auf die beiden Tongeschlechter Dur und Moll gestützt. Warum das so war, führt uns heute zu weit weg, aber es war nun einmal so. Und weil die Musik, die wir jeden Tag hören, mehr oder minder aus diesen zweihundert Jahren stammt, glauben wir, daß es nur Dur und Moll gibt.

Aber die Musikgeschichte ist ja viel älter als nur zweihundert Jahre. Schon lange vor Bach hat man jede Menge Musik gesungen und gespielt, und zwar in allen Tonarten. Und weil die Komponisten unserer Tage es leid waren, sich auf die ewigen Dur- und Moll-Tonarten der letzten zwei Jahrhunderte zu beschränken, gab es eine große Wiederbelebung der alten Tonarten aus der Zeit vor Bach. Debussy hat sie benutzt, aber auch seine jüngeren Kollegen Hindemith und Strawinskij, und fast alle modernen Song-Komponisten der heutigen Popmusik.

Die alten Modi haben ihnen neue Klänge beschert und sie vom Zwang des ewigen Dur und Moll befreit. Wenn unser Song «Along Comes Mary» in gewöhnlichem Moll komponiert wäre, sähe das so aus:

Ziemlich langweilig, oder nicht? Der richtige Song hat aber einen gewissen Pfiff, und das ist das Dorische.

Wir haben gemerkt, daß das Dorische beinahe so klingt wie eine Moll-Tonart, aber doch etwas anders. Und dieses gewisse Etwas gibt der Musik einen altertümlichen, fast orientalischen Klang. Deshalb klingt auch der Kirchengesang so seltsam und zeitlos. Deshalb klingt Debussys *Fêtes* so exotisch und wie aus fernen Zeiten. Und deshalb klingt «Along Comes Mary» so ursprünglich und kraftvoll.

Zur Abwechslung wollen wir uns jetzt den Beginn von Sibelius' *Sechster Symphonie* anhören, der ebenfalls in der dorischen Tonart steht. Mal sehen, ob ihr auch hier denselben altertümlichen, zeitlos-grüblerischen Charakter wiedererkennt, der diesmal aus den fernen, einsamen Wäldern Finnlands kommt. (Siehe das Kapitel über Sibelius, S. 217 ff.)

etc.

Hört ihr das Dorische schon ein bißchen heraus? Machen wir ein paar Minuten Theorie, und versuchen wir herauszufinden, wie es dazu kommt. Wir haben ja gelernt, daß das Dorische praktisch wie unser Moll klingt – nur gibt es einen wichtigen Unterschied: Im Dorischen liegt der zweite Halbtonschritt zwischen der sechsten und siebenten Stufe der Tonleiter (während der in einer Moll-Tonleiter zwischen der fünften und sechsten Stufe liegt):

In der harmonischen d-Moll-Tonleiter ist die siebente Note ein Cis und kein C. Man nennt das einen «Leitton», weil das Cis uns wieder nach Hause in die Tonika leitet, in diesem Fall zum D:

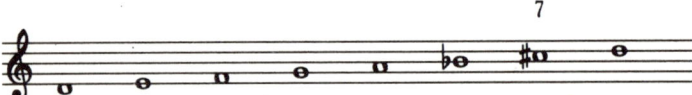

Der Leitton Cis führt uns auf dem kürzesten Weg – mit dem kleinstmöglichen Intervall, einem Halbton – zur Tonika:

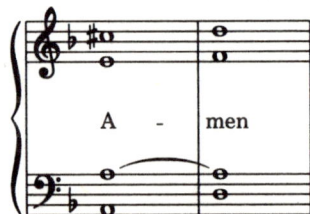

258

Es klingt, als wenn der Leitton sich nach der Tonika sehnte und sich von ihr angezogen fühlte. Er will dorthin, und das gelingt ihm auch. In der dorischen Tonart dagegen, bei der die siebente Note einen Halbton niedriger ist, ist die Distanz zur Tonika ein Ganzton:

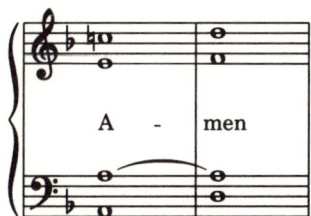

Hier scheint der Leitton nicht so stark zur Tonika hinzuleiten – er sehnt sich nicht nach ihr. Er ist höflich, aber zu mehr als einem Händedruck reicht's nicht. Merkt ihr, wie förmlich, wie distanziert das klingt?

Wenn wir solch ein «Amen» hören, dann fühlen wir die Last von Jahrhunderten aus einer fernen, alten, östlichen Kultur. So ein «Amen» hat Bach nie komponiert, Brahms und Beethoven auch nicht. Heute dagegen hört man es überall. Zum Beispiel in dem klassischen Beatles-Song «Eleanor Rigby»:

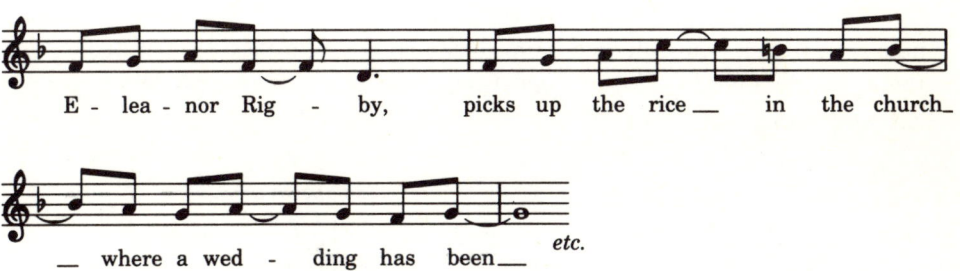

Wie wir hier hören können, hängt der distanzierte Klang auch mit der für uns ungewohnten sechsten Stufe des Dorischen zusammen; nie vergessen: Dorisch mit D.

Gehen wir nun weiter zur *phrygischen* Tonart: Auch sie ist auf dem Klavier ganz leicht zu finden. Man beginnt mit einem E, spielt nur die weißen Tasten bis zum nächsthöheren E, und schon hat man die Phrygische Tonleiter:

Das Phrygische hat mit dem Dorischen große Ähnlichkeit, weil es auch den Moll-Dreiklang hat und die siebente Stufe mit einem Ganzton ebenfalls zur Tonika führt:

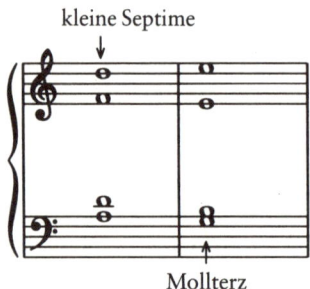

Auch dies ist eine sehr formell-feierlich klingende Tonart. Das Besondere an ihr ist, daß die Tonleiter mit der kleinen Sekunde beginnt. Vom E zum nächsten Ton F ist es nur ein Halbtonschritt, was der Musik einen eigentümlich traurigen Charakter verleiht, wie man ihn in der Zigeunermusik, in der spanischen und der jüdischen Musik kennenlernen kann. Nehmen wir zum Beispiel den Beginn von Franz Liszts *Zweiter Ungarischer Rhapsodie* mit ihrem typischen traurigen Zigeunerklang:

Das ist phrygisch; es klingt ganz orientalisch. Während der zwei Jahrhunderte, in denen Dur und Moll den Ton angaben, wurde das Phrygische von westlichen Komponisten gebraucht, vor allem wenn sie orientalische Effekte erzielen wollten. Hört nur die bekannte Stelle aus Rimsky-Korssakows *Scheherazade*, die nun wirklich sehr nach Orient klingt:

Orientalischer geht's nicht; und es ist reinstes Phrygisch, das diesmal mit G beginnt:

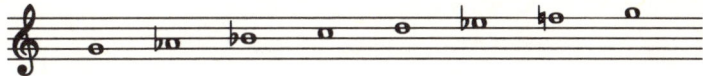

Überraschend ist freilich, daß der Norddeutsche Johannes Brahms diese Tonart verwendet hat (sehr ungewöhnlich für ihn), und zwar im langsamen Satz seiner *Vierten Symphonie*. Er fängt ganz feierlich und ernst an:

Phrygische Tonart, mit freundlicher Empfehlung von Herrn Brahms.

Klettern wir nun eine Stufe weiter, zur *lydischen* Tonart. Selbstverständlich beginnt sie mit einem F:

Was unterscheidet das Lydische von den beiden anderen Kirchentonarten? Hier erst einmal eine normale F-Dur-Tonleiter:

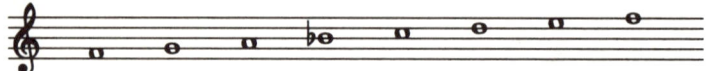

Das Lydische klingt also auch nach Dur: die erste Kirchentonart, von der wir das sagen können. Doch es hat einen Ton, der aus der Reihe tanzt. Welchen wohl? Es ist die vierte Stufe, die einen Halbton höher ist als in einer «normalen» Dur-Tonleiter. Das verleiht dieser Tonart etwas Witziges, Komisches, wie wenn jemand absichtlich einen falschen Ton spielt. Tatsächlich haben sich moderne Komponisten oft der lydischen Tonart bedient, wenn sie etwas Komisches musikalisch ausdrücken wollten. Prokofieff hat beispielsweise in seiner Film-musik zum *Leutnant Kishe* das Lydische eingesetzt, mit der übermäßigen Quart gleich zu Beginn im Solo der Piccoloflöte:

Hätte er das in gewöhnlichem Dur geschrieben, klänge es so:

Aber nein: Prokofieff nimmt die lydische übermäßige Quart und gibt dem Stück damit etwas Witziges.

Nun möchte ich nicht behaupten, daß die lydische Tonart nur komisch sei. Sie kann nämlich, ganz im Gegenteil, auch sehr ernst sein. Beethoven hat in einem seiner letzten Streichquartette einen ganzen langsamen Satz in der lydischen Tonart komponiert. Und im katholischen Kirchengesang ist sie ebenfalls noch in Gebrauch. Auch bei Sibelius, der ein großer Freund der alten Tonarten war, finden wir das Lydische sehr häufig, zum Beispiel in der folgenden Passage seiner *Vierten Symphonie*:

Allegro molto vivace

In diesem Beispiel hat das Lydische überhaupt nichs Komisches, sondern etwas merkwürdig Anrührendes, das von weit her zu kommen scheint. Kein Wunder, denn diese alten Tonarten kommen tatsächlich aus fernen Ländern, aus dem Osten, aus Griechenland, Bulgarien, Finnland, Rußland und Polen. Dabei scheint in Polen das Lydische ganz besonders gepflegt worden zu sein. Man kann es fast ständig in der Musik des größten polnischen Komponisten, Frédéric Chopin, ausmachen, vor allem in seinen polnischen Volkstänzen, den Polonaisen und Mazurken. Hier folgt ein Beispiel aus einer seiner bekanntesten Mazurken, und diesmal verrate ich nicht, wo das Lydische verborgen ist. Versucht es selbst herauszufinden.

Vivace

Das Lydische hat einen seltsamen Charakter, frisch und durchdringend, wie ein Schuß Zitronensaft. Und es klingt sehr «polnisch»; als der russische Komponist Modest Mussorgsky den dritten Akt seiner großartigen Oper *Boris Godunow* schrieb, der in Polen spielt, benutzte er diese Tonart für seine *Polonaise*, was «Polnischer Tanz» heißt.

Nun haben wir drei wichtige Kirchentonarten kennengelernt, das Dorische, das Phrygische und das Lydische, deren Tonleitern man leicht spielen kann, wenn man von D, E oder F aus die weißen Tasten auf dem Klavier spielt. Werfen wir noch einen kurzen Blick auf die übrigen und beginnen wir mit derjenigen, die mit einem G beginnt; sie nennt sich – keine Panik, bitte! – das *Mixolydische*. Trotz ihres komplizierten Namens ist es eine der beliebtesten und attraktivsten Tonarten überhaupt. Wie das Lydische, so klingt auch das Mixolydische zunächst wie eine Dur-Tonleiter und hat, wie das Lydische, einen seltsam klingenden Ton, nur an einer anderen Stelle. So sieht eine normale G-Dur-Tonleiter aus:

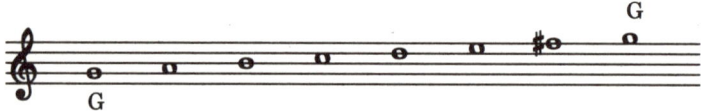

Und hier die mixolydische Tonleiter:

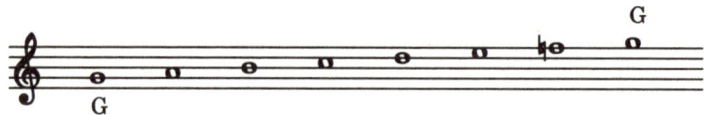

Und siehe da, die seltsame Note ist diesmal die siebte der Tonleiter, der Leitton, der einen Halbton niedriger ist als in einer Dur-Tonleiter. Das Mixolydische ist die einzige nach Dur klingende Tonleiter mit einem erniedrigten Leitton. Und ob ihr's glaubt oder nicht: Die meiste Jazz-Musik, die afro-kubanische Musik und sogar Rock 'n' Roll verdanken dem Mixolydischen eine Menge. Ich könnte zahllose Beispiele anführen, aber ich nehme nur einen berühmten Hit, «Hanky-Panky» von Jeff Barry und Ellie Greenwich:

Das ist Mixolydisch. Oder vielleicht erinnert ihr euch an den Song vor einigen Jahren, den «The Kinks» gesungen haben:

Ebenfalls reines Mixolydisch. Oder nehmen wir den schönen Beatles-Song «Norwegian Wood»:

Wieder der erniedrigte Leitton des Mixolydischen.

So, wie das Lydische auch andere als nur komische Effekte erzielen kann, so will ich auch nicht behaupten, das Mixolydische tauge nur für Jazz und Pop. Man hört es in der Kirche wie in der Diskothek. Und unser Freund Debussy hat in seinem berühmten Klavierstück *La Cathédrale engloutie* («Die versunkene Kathedrale») das Mixolydische benutzt, um, wie in einer Kathedrale, mit großer Klangfülle zu beeindrucken:

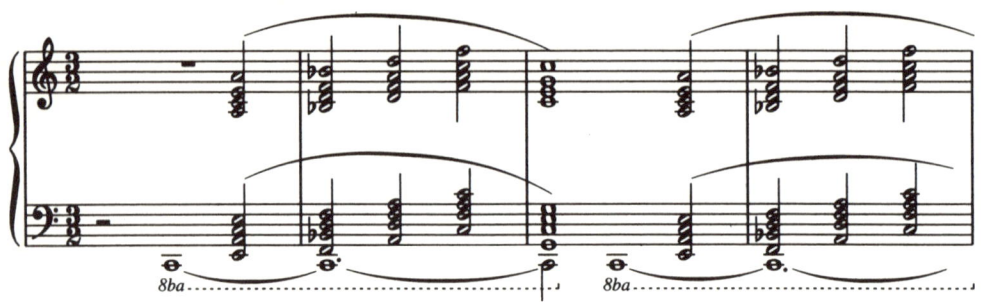

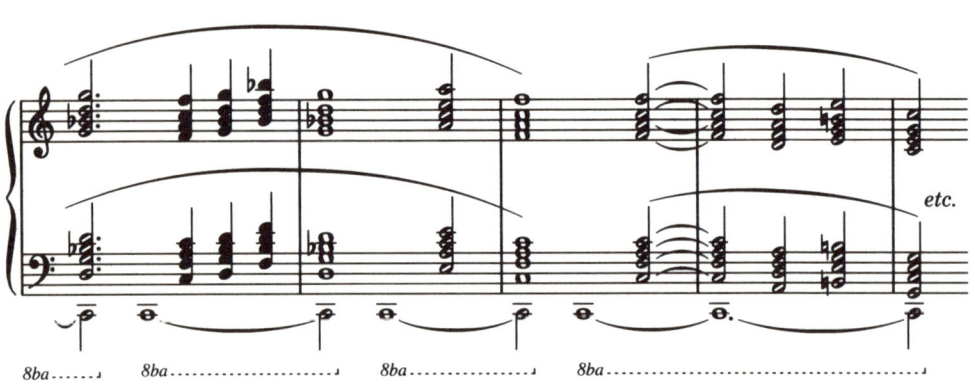

Vor vielen Jahren, als ich mein erstes Ballett, *Fancy Free*, komponierte, habe ich ebenfalls für manche Tänze das Mixolydische verwendet. Zum Beispiel für einen Tanz im Stil des kubanischen «danzón» habe ich von Anfang bis Ende diese Tonart gewählt. Hier ist ein Ausschnitt:

Die Zeit, die uns noch bleibt, würde ich gern den drei Tonarten widmen, über die wir noch gar nicht geredet haben. Wir können uns kurz fassen, denn die erste, die man die *äolische* nennt, klingt fast wie die «harmonische», unsere normale Moll-Tonleiter. Wenn man das Äolische auf den weißen Tasten spielen will, muß man mit dem A beginnen; man nennt diese Leiter auch «natürliches» Moll. Auch hier begegnen wir dem erniedrigten Leitton, was uns an das Dorische und das Phrygische erinnert, so daß wir uns damit nicht länger aufhalten müssen. Amen.

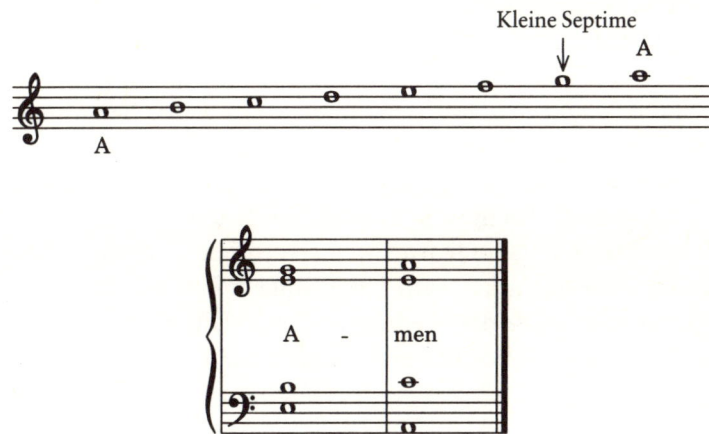

Die sechste Kirchentonart, die mit H beginnt, nennt man das *Lokrische*:

Das können wir vergessen, denn in dieser Tonart gibt es fast keine Musik, weil das Lokrische irgendwie unbefriedigend klingt. Das merkt man gleich, wenn man auf der Tonika einen Akkord spielt; er klingt unfertig und unerlöst:

Merkt ihr? Das war's dann wohl mit dem Lokrischen. Good bye.

Jetzt haben wir uns durch alle Kirchentonarten auf den weißen Tasten des Klaviers durchgekämpft, indem wir von D über E, F, G, A und H spaziert sind, und sind bei C angelangt. Wenn wir jetzt von C aufwärts bis zum nächsten C spielen:

Was haben wir da? Die gute alte, vertraute C-Dur-Tonleiter von Bach, Beethoven, Brahms und Kollegen, früher die *ionische* genannt. Als das Grundmodell aller Tonarten hat die Tonart C-Dur über alle Rivalen den Sieg davongetragen und ist zweihundert Jahre lang die unbestrittene Königin der westlichen Musik gewesen. Es gibt bei Beethoven einen Augenblick, in dem diese Herrschaft ganz besonders glorreich gefeiert wird. Ich spreche von der letzten Minute, der sogenannten Coda, im Schlußsatz von Beethovens *Fünfter Symphonie*. Hier brauchen wir uns nicht länger mit übermäßigen Quarten und erniedrigten Leittönen herumzuplagen. Hier können wir auch die Beatles, die Kinks und sogar Debussy vergessen und die Majestät und Größe des Beethovenschen C-Dur-Festes genießen. Das ist machtvolles C-Dur, das uns Beethoven da einhämmert:

Nun habt ihr wahrlich genug über die verschiedenen Tonarten gehört und gelesen, und ihr habt für jede genügend Beispiele kennengelernt, daß ihr nun soweit seid, nochmals zu Debussys *Fêtes* zurückzukehren und es nun im Zusammenhang zu verstehen. Erinnert euch: Der erste Tanz stand in der dorischen Tonart:

Dann, ein wenig später, hören wir das Lydische mit seinem polnischen Charakter und der übermäßigen Quarte:

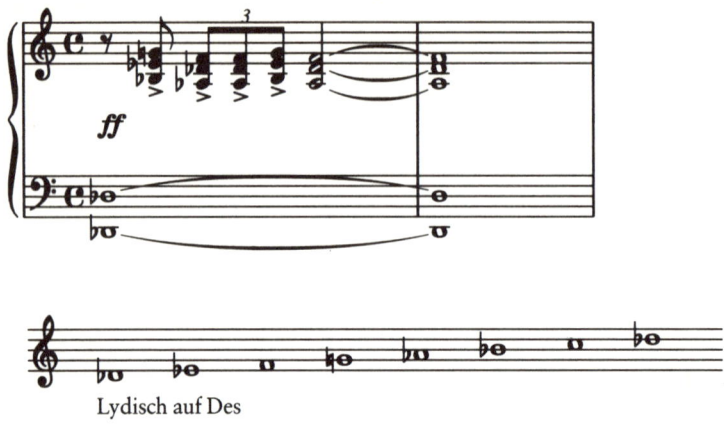

Lydisch auf Des

Plötzlich, nur Sekunden später, ist Debussy im Mixolydischen angelangt, dem «Jazzigen» mit dem verminderten Leitton:

Mixolydisch auf A

In der ersten halben Minute hat Debussy drei verschiedene Tonarten verwendet: Dorisch, Lydisch und Mixolydisch, und kein Dur und kein Moll. Im Mittelteil wenn die Prozession aus der Ferne tönt, kehren wir erst einmal wieder ins Dorische zurück:

Dieser Ausschnitt endet in der phrygischen Tonart, aber gleich danach geht es mit einem Schwenk ins Mixolydische weiter:

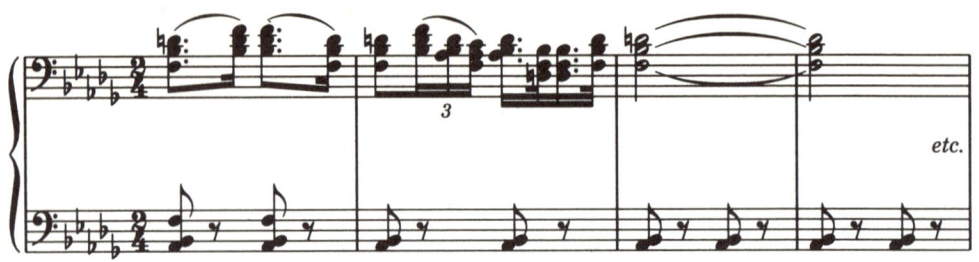

Mixolydisch auf B

So geht es Tonart nach Tonart durch das ganze Stück. Es gibt noch eine besonders interessante Stelle, jenen Augenblick, wenn die Prozession und die Tanzmusik aufeinanderstoßen. Der Trick ist, daß sie hier beide in der dorischen Tonart stehen und daher bestens harmonieren. Hier die Tanzmusik:

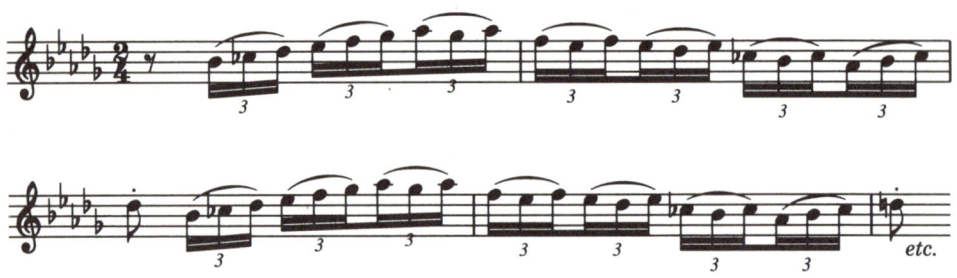

Hier der Prozessionsmarsch:

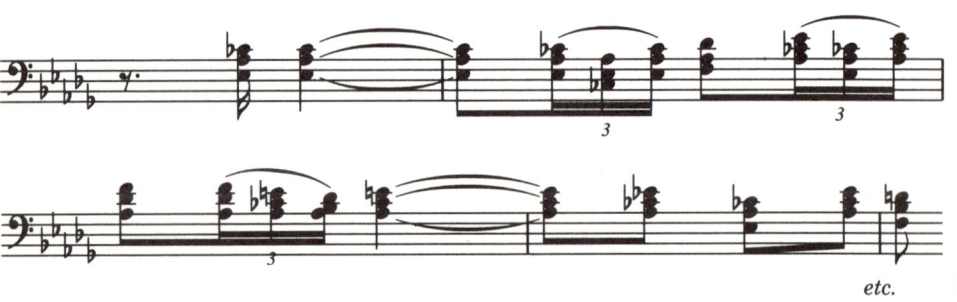

Und hier sind sie beide zusammen:

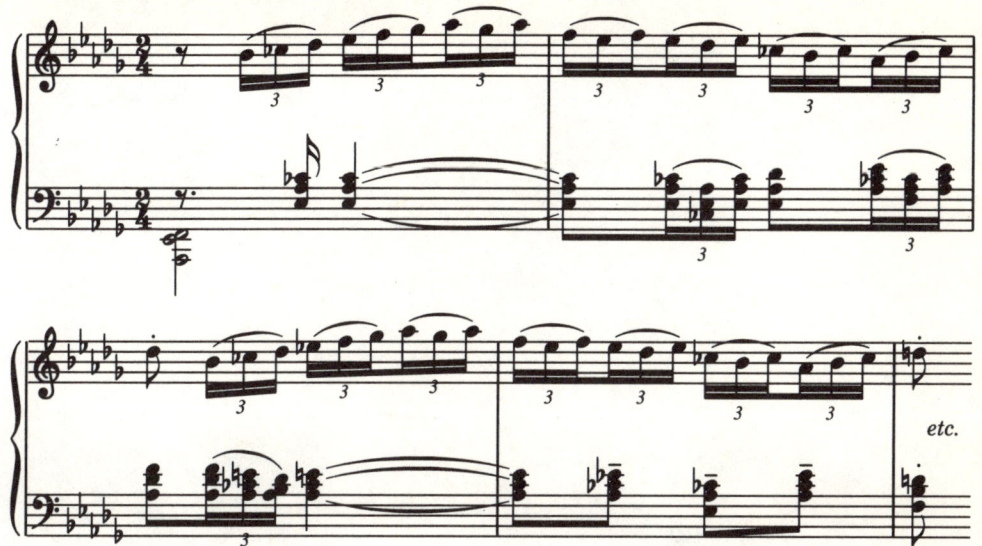

Das klingt wirklich aufregend. Hört euch einmal das ganze Stück an, und ich hoffe, ihr hört es jetzt mit neuen Ohren. Das sollte euch nicht schwerfallen, ihr seid ja jetzt Profis in Fragen der Tonart. Wenn euch also – wie meine Tochter mich – jemand fragt, was es mit den Tonarten auf sich hat, dann könnt ihr ihm einen schönen langen Vortrag halten.

Der «Trip» des Hector Berlioz

In der ersten Drogenrausch-Symphonie der Musikgeschichte geht es ganz schön unheimlich zu. Es ist die erste symphonische Beschreibung eines «Trips», und sie wurde ungefähr einhundertdreißig Jahre vor den Beatles komponiert, nämlich 1830 von dem genialen französischen Komponisten Hector Berlioz. Er nannte sie *Symphonie Fantastique* (auf deutsch: «Phantastische Symphonie»), und phantastisch ist sie in jeder Hinsicht. Es ist psychedelische Musik; das habe ich mir nicht einfach ausgedacht, sondern es ist eine Tatsache, über die uns Berlioz selbst in seinen Programmnotizen zu dem Stück erzählt. Lesen wir nur den folgenden Absatz, in dem er die Symphonie beschreibt:

> «Ein junger Musiker von krankhafter Sensibilität und fiebriger Einbildungskraft will sich aus verzweifeltem Liebeskummer mit Opium vergiften. Die Dosis ist narkotisch, aber nicht tödlich und läßt ihn in einen Tiefschlaf verfallen, der von den seltsamsten Träumen begleitet ist. Dabei werden seine Gefühle, Empfindungen und Erinnerungen von seinem kranken Gehirn in musikalische Gedanken und Vorstellungen verwandelt.»

Klingt gar nicht so befremdlich, oder? Und wir dürfen die Vermutung wagen, daß es sich bei dem kranken jungen Musiker um keinen anderen handelt als um Hector selbst. Denn man sagt, er habe unter krankhaftem Liebeskummer gelitten. Eine irische Schauspielerin namens Harriet Smithson gastierte in Paris, und obwohl Berlioz kein Wort Englisch verstand, verzehrte er sich in unerwiderter Liebe zu ihr. Wahnvorstellungen und Visionen suchten ihn heim, auch ohne daß er irgendwelche Narkotika nahm. Sein Opium war sein Genie, das diese Visionen und Phantasien in Musik umzusetzen vermochte. Lest den Satz in seinen Programmnotizen:

> «Sogar die Geliebte selbst hat sich in eine Melodie verwandelt, die wie eine fixe Idee («idée fixe») ihn ständig verfolgt und immer wiederkehrt.»

Diese *idée fixe* ist, mit anderen Worten, eine Zwangsvorstellung. Das kennen wir alle: Ein Gedanke nimmt uns völlig gefangen und läßt uns nicht mehr los. In der

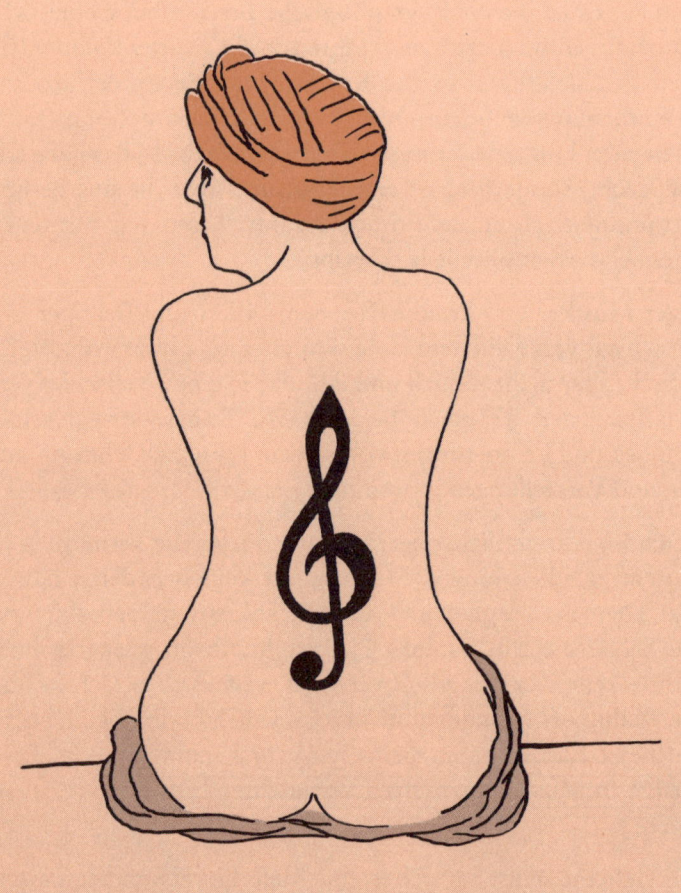

Symphonie von Berlioz ist diese Obsession die Geliebte, die ihn so hoffnungslos liebeskrank gemacht hat. Ihr Geist durchzieht das ganze Werk; wohin die Musik sich auch wendet – sie drängt sich dazwischen, unterbricht, kehrt in endlos verwandelter Gestalt immer wieder.

Um diese seltsame Symphonie zu begreifen, müssen wir zunächst einmal diese melodische *idée fixe* entdecken, das Thema der Geliebten, auch wenn es in verkleideter Gestalt auftritt. Hier haben wir es, oder doch die erste Phrase davon, von einer Flöte allein gespielt:

Hört ihr das Sehnsüchtige dieser Melodie? Wie sie sich am Anfang nach oben schwingt:

Und sich dann immer höher hinaufschwingt:

Und noch weiter:

Und dann hoffnungslos zusammenbricht:

Ist das nicht eine vollkommene musikalische Illustration für liebeskrankes Sehnen? Schauen wir ein zweites Mal und verfolgen es in seine zweite Phrase, dann in die dritte, die vierte und so weiter – jedesmal von neuen Aufschwüngen beflügelt und jedesmal in Verzweiflung zurücksinkend:

277

Ich bin sicher, jeder von euch, der einmal unglücklich verliebt war, wird eine solche leidenschaftliche Melodie begreifen können; und man kann sich gut vorstellen, wie ein liebeskranker Komponist davon beherrscht wird. Wenn ihr das erkannt habt, seid ihr soweit, daß ihr diese Symphonie anhören könnt.

Der erste Satz trägt den Untertitel: «Visionen und Leidenschaften». Er beginnt mit einer langsamen, träumerischen Einleitung, die wir jetzt übergehen wollen, weil sie nur als atmosphärische Vorbereitung für den Eintritt des Hauptthemas dient. Mit anderen Worten, sie malt uns das Bild eines träumerisch-romantischen Liebhabers, *bevor* die Leidenschaft ihn übermannt. Und *wenn* sie ihn dann übermannt – hört selbst! Hier kommt das Ende der Einleitung, die in einen ersten Ausbruch jener *idée fixe* mündet. Wahre Feuerwerke eines Drogenrauschs:

Versteht ihr, was ich gemeint habe? Diese plötzlichen Ausbrüche und Wechsel der Klangfarben, die verblüffenden, unerwarteten Wechsel von Laut und Leise. In diesen wenigen Überleitungstakten haben wir dutzende dynamische Wechsel in rascher Folge: mezzoforte – diminuendo – pianissimo – crescendo – fortissimo – plötzliches dreifaches piano – plötzliches fortissimo – plötzliches piano – pianissimo – fortissimo – piano – pianissimo – mezzoforte – dreifaches pianissimo. Welch eine Erwartung, welch ein Feuerwerk von Geistesblitzen, von romantischem Fieber! Und wenn das Hauptthema dann erscheint, versieht der Komponist jede der an- und abschwellenden Phrasen mit einem eigenen kleinen Crescendo-Ausbruch:

Und achtet darauf, wie Berlioz seine Melodie begleitet. Sehr seltsam, wirklich: keinerlei Begleitung *unter* der Melodie, sondern nur *zwischen* den einzelnen Phrasen kleine, abgerissene Streicherfiguren:

Sie sind ganz unregelmäßig und platzen immer herein, wenn man nicht damit rechnet. Außerdem wechselt auch ständig das *Tempo* – atemlos voranjagend, wieder langsamer werdend, dann plötzlich *a tempo* und ebenso plötzlich wieder verlangsamend. Niemals weiß man, was kommt: blitzartige Wechsel der Dynamik, des Tempos, der Klangfarbe, das Ganze steht kühn über dieser verrückten, unregelmäßigen Begleitung. Ich kann euch verraten, daß man beim Dirigieren dieser Symphonie zum Nervenbündel werden kann; na ja, sie ist ja auch das Porträt eines Nervenbündels.

Mittlerweile kennt ihr dieses Hauptthema fast auswendig, so daß ihr es in allen seinen grotesken, fiebrigen Verkleidungen und Entwicklungen verfolgen könnt: durch Angst und Eifersucht, Wahn und Verzweiflung – das klappt. Der übrige Teil des ersten Satzes besteht fast nur aus der Weiterentwicklung dieses Hauptthemas.

Wir können nicht alle Stationen behandeln, aber ein paar von ihnen wollen wir uns genauer ansehen. Bei der ersten nehmen die tiefen Streicher das Thema auf, was ziemlich bedrohlich klingt, während darüber die Holzbläser und die Hörner eine Reihe von herzzerreißenden Seufzern spielen – ein vollkommenes Bild von Verzweiflung und rasender Eifersucht:

Sehr ihr, wie das hinführt zu einem qualvollen Höhepunkt? Aber *wenn* das schon der Höhepunkt sein soll, was sagt ihr, wenn die Seufzer in Geheul ausbrechen und die Streicher in hysterische Schreie?

Zwölf Takte danach werden die Schreie und das Heulen noch intensiver; Berlioz treibt die Sache auf die Spitze:

Diese Musik grenzt bisweilen ans Irrsinnige. Immer wieder denkt man, die Grenze zum Wahnsinn wird gleich überschritten, aber sie wird es nie. Immer hat Berlioz sich unter Kontrolle, egal wie verrückt er zu werden scheint. Das ist Genie.

Nun noch einen Ausschnitt aus dem ersten Satz, dem unheimlichsten von allen. Da spielen wieder die tiefen Streicher das klagende *idée fixe*-Thema, nur daß jetzt die Bratschen die Celli im Kanon nachahmen wie eine Herde liebeskranker Kühe. Hier klagen die Celli:

Dieses Thema ist ja bekannt. Und hier antworten die Bratschen:

Und hier schließlich spielen beide Gruppen im Kanon:

Doch das ist nur das Fundament. Darüber erhebt sich eine neue Melodie in der Oboe, die nichts mit dem Hauptthema gemeinsam hat. Eigentlich hat sie mit nichts Ähnlichkeit, außer vielleicht mit moderner Musik; sie könnte auch hundert Jahre später komponiert worden sein. Diese endlose Melodie ist berühmt in der Musikgeschichte, für die damalige Zeit absolut ungewöhnlich. Es macht sie so unheimlich, daß man kaum sagen kann, in welcher Tonart sie steht und ob sie überhaupt in einer Tonart steht. Es ist die grandiose Darstellung eines kranken, unruhigen Gemüts, einer verzweifelten Seele: Aber der es komponierte, war keineswegs krank, sondern ein Genie. Hier die verrückte Melodie der Oboe:

Donnerwetter! Würdet ihr auf die Idee kommen, daß das 1830 geschrieben wurde – nur drei Jahre nach dem Tod des alten Klassikers Beethoven? Es klingt eher wie 1930, als wäre es von Hindemith oder Schostakowitsch oder sonstwem erfunden. Dieses Oboen-Thema zieht sich lang und länger, erhebt sich über dem klagenden Kanon in den Streichern und strebt einem neuen Höhepunkt der Halluzination zu. Dann fällt das gesamte Orchester ein, sogar zum erstenmal die Trompeten, wobei das Thema der *idée fixe* triumphal ausgespielt wird, als hätte Berlioz zum Schluß seine Sehnsüchte unter Kontrolle. Aber nein, die Wahnvorstellungen mit all ihren Ausbrüchen kehren wieder, und plötzlich fällt alles auseinander. Die Musik zerbricht wie ein zerschmettertes Fenster und erstirbt schließlich in tiefer Erschöpfung. In den letzten Takten vernehmen wir nur noch ein Flüstern des Hauptthemas, und der Satz endet mit einigen orgelartig klingenden Akkorden in frommer Einfalt.

Ende der ersten Szene und zugleich Ende des ersten Traums. Jetzt ein anderer Traum, ein neuer Schauplatz: ein eleganter Ballsaal, der zunächst im Dunkel liegt und dann immer heller und heiterer wird, bis wir uns inmitten einer ausgelassenen Gesellschaft befinden. Zwei Harfen erklingen, was die Musik zum Glänzen bringt, und die spielt natürlich einen Walzer, einen mitreißenden französischen Walzer. Doch nach kurzer Zeit verwandelt sich diese Musik geheimnisvoll. Und was tritt an ihre Stelle? Natürlich die *idée fixe*, und unter den Tanzenden erscheint und verschwindet das Gesicht der Geliebten. Verzweifelt streckt der Liebhaber die Hand nach ihr aus, kann sie aber nie erhaschen. Je öfter er es versucht, um so rascher entzieht sie sich ihm. Der Walzer spielt weiter, kommt zum Höhepunkt – bis plötzlich alles verstummt. Nur das Thema der Verzweiflung, der Obsession erklingt, und eine Weile scheint es, als könnte er sie anfassen, im Arm halten. Dann bricht die Welt des Walzers wieder über ihn herein; Hunderte von Tänzern, die ihn immer schneller umschwirren, trennen ihn von der Geliebten, und er erwacht. Wieder ein phantastischer Alptraum.

Besonders phantastisch an der *Symphonie Fantastique* ist, daß sie so früh komponiert wurde. Berlioz ist weit über hundert Jahre tot, was uns überrascht, wenn wir hören, wie modern seine Musik klingt. Noch faszinierender ist es, sich vorzustellen, daß dieses Werk fast ein halbes Jahrhundert alt war, als Berlioz starb. Stellt euch vor, diese wilde Musik wurde 1830 geschrieben, kurz nach Beethovens Tod; ich erwähnte das schon.

284

Berlioz war ein junger Mann von sechsundzwanzig, als er diese unglaublich modern klingende Musik erfand. Ich meine wirklich: *modern*. Wie muß diese Musik damals gewirkt haben, selbst auf Kenner der schwierigen späten Werke von Beethoven! Diese jugendlich sprühende Symphonie muß wie von einem fernen Planeten kommend geklungen haben, aus einer neuen Welt, die man Romantik nannte.

Nehmen wir uns einmal den dritten Satz vor, der mit «Scène aux champs» («Szene auf dem Lande») überschrieben ist. Beethoven hatte bekanntlich schon seine Landszene komponiert – die «Szene am Bach» im zweiten Satz seiner *Pastorale*, mit Hirtenrufen, Vogelzwitschern, Murmeln des Bachs und aufziehen-

den Gewittern. Aber das war nichts gegen diesen Symphoniesatz von Berlioz. Er komponierte «wirkliche» Gewitter, schrieb für vier verschiedene Pauken, woran Beethoven wohl nicht im Traum gedacht hätte. Und Berlioz' Hirten blasen nicht nur auf ihren Flöten, sondern spielen ein wahres Drama.

Der dramatische Gedanke in diesem Satz besteht darin, daß unser unseliger Liebhaber im Drogenrausch von einer Szene auf dem Lande träumt. Einen Augenblick ist es nicht mehr ein Alptraum, sondern ein friedvolles Träumen von der Schönheit und Ruhe der Natur. Da spielt der Schäfer für seine Herde, ein anderer antwortet aus der Ferne. Dieses Schäfer-Duett zu Beginn hat auf unseren verlorenen Helden einen beruhigenden Einfluß. Es gibt eben doch eine Verbindung zwischen Menschen, auch wenn sie weit voneinander entfernt sind. Laßt uns für einen Augenblick den beiden Schäfern lauschen:

Das ist ein romantisches Stück Tonmalerei; man sieht eine Alpenlandschaft vor sich. Lange träumt unser Held in dieser friedvollen Landschaft; die Vögel zwitschern freundlich, und Hoffnung keimt auf. (Wir überspringen diesen Abschnitt, er klingt allzu hoffnungsfroh.) Doch plötzlich ändert sich die Stimmung, der Himmel verdüstert sich, die Musik wird unruhig. Und wer, glaubt ihr, beginnt unseren Helden zu jagen? Die *idée fixe*, eine Wölfin im Schafspelz. Hier kommt die Stunde der Wahrheit:

Was für ein Alptraum! Was für ein grandioses musikalisches Bild von Panik und Schrecken. Was für ein atemloses Japsen, das nur allmählich verebbt! Wieder kehren Ruhe und Frieden ein, und unser Held scheint wieder von seiner Obsession genesen. Aber Berlioz hat noch ein weiteres Schreckensbild in Reserve, die letzte Partiturseite dieses Satzes. Auf dieser einen Seite gibt er uns einen dramatischen Eindruck von der qualvollen Einsamkeit, wie sie kein Mensch vor und nach ihm erdulden mußte, auch nicht die neurotischsten Komponisten unseres Jahrhunderts. Was geschieht? Der Schäfer beginnt den Anfang seines Themas zu blasen. Wir warten auf die Antwort des fernen Freundes, aber sie bleibt aus. Statt dessen vernehmen wir ein geheimnisvolles Donnern. Unser Schäfer versucht eine andere Phrase; wieder nur die dumpfe Antwort des Donners:

Nach und nach verklingt die Szene. Der Schäfer gibt auf, der ferne Donner verhallt, und unser Träumer ist allein mit der furchtbaren Stille unerwiderter Liebe:

Vierte Szene, vierter Satz. Wieder Wechsel des Schauplatzes: noch ein Alptraum. In diesem Traum ist der Liebende ein Mörder. Und wen hat er wohl getötet? Seine Geliebte natürlich.

Und der Schauplatz ist der Platz seiner Hinrichtung. Auf der Guillotine muß er für das Verbrechen büßen. Der ganze Satz ist ein einziger grauenvoller Marsch, mit allen Trommeln und Blechbläsern eines Hinrichtungskommandos. Ein grandioser Marsch, brillant und schrecklich zugleich. Zermartert erscheint unser Träumer am Schafott und legt sein Haupt auf den Block. Die Musik gerät ganz außer Rand und Band, und dann hält – wie im Traum so oft – alles an. Und einen Augenblick lang sieht (oder hört?) unser Held die Geliebte: die *idée fixe*, unser Hauptthema. Aber nur für einen Augenblick. Der vertraute Klang ist noch einmal da und reißt ab wie der Kopf unseres Helden, als das Beil fällt. Ein Trommelwirbel, ein Fanfarensignal, und der Alptraum ist vorüber. So klingt es, wenn Berlioz seinen Helden enthaupten läßt:

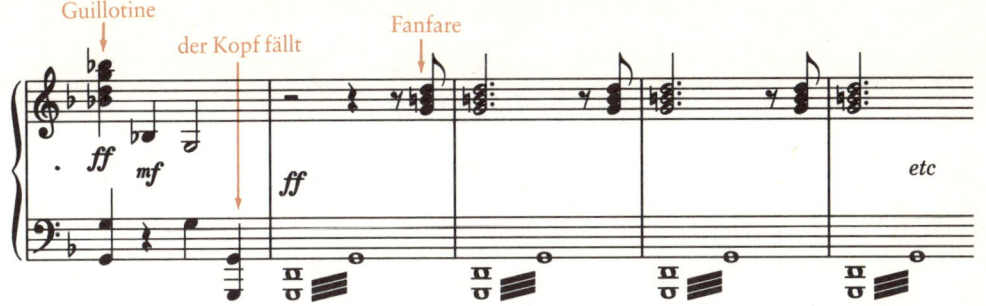

Wartet! Noch ist nicht alles zu Ende. Da ist noch ein fünfter und letzter Traum, der den vorigen noch übertrifft: der Hexensabbat, der Höhepunkt des Trips. Der Liebhaber träumt, er sei längst tot und sei auf seinem eigenen Begräbnis. Es ist kein feierliches Begängnis. Keine geistlichen Worte und keine Gebete. Nur die gräßlichen Schreie der Hexen:

und das blutrünstige Gelächter der Teufel und Dämonen:

und der Teufelstanz der grinsenden Ungeheuer:

Und wer ist wohl die Oberhexe? Natürlich seine süße kleine Geliebte, deren engelsgleiche Melodie plötzlich zu einem höllenhaften Ritt auf dem Besenstiel verzerrt ist:

Und dann die Totenglocken – die Haare stehen uns zu Berge:

Und hier die Parodie auf das «Dies Irae», aus der katholischen Totenmesse, dem Requiem:

und vieles, vieles weitere – doch das überlasse ich eurer eigenen Phantasie.

Der ganze Schreckenszauber mündet in ein grandioses Finale. Aber so grandios es auch sein mag, es läßt unseren Helden in den Fängen seines Opium-Alptraums zurück. Es ist grandios, ohne zu triumphieren, und das bleibt ein Problem. Ich kann nicht behaupten, daß wir mit unserem Helden alle Höllenqualen durchlitten hätten und klüger und besser daraus hervorgegangen wären. Aber so geht es mit solchen Trips, und Berlioz zeigt uns, wie es ist. Zumindest er selber bleibt ehrlich.

Geht auf den Trip, endet schreiend auf dem eigenen Begräbnis. Aber geht lieber mit Berlioz auf euren Trip! Ihr braucht nicht mehr als diese Musik dazu, und es wird der aufregendste Trip, den ihr euch vorstellen könnt: einmal zur Hölle und zurück. Mit Drogen geht es vielleicht auch, aber vielleicht kommt ihr dann nie mehr zurück.

ANHANG

Musikbeispiele zu «Konzert für junge Leute»
Leonard Bernstein mit dem
New York Philharmonic Orchestra

1. Was bedeutet Musik?

Auszüge aus

GIOACCHINO ROSSINI	*Wilhelm-Tell*-Ouvertüre
RICHARD STRAUSS	*Don Quixote*, op. 35
LUDWIG VAN BEETHOVEN	*Symphonie Nr. 6 in F-Dur, op. 68 (Pastorale)*
MODEST MUSSORGSKY	*Bilder einer Ausstellung*
PETER ILJITSCH TSCHAIKOWSKY	*Symphonien Nr. 4 in f-Moll, op. 36 und Nr. 5 in e-Moll, op. 64*
ANTON WEBERN	*Sechs Stücke für großes Orchester*
MAURICE RAVEL	*La Valse* (vollständig)

2. Wann klingt eine Musik «amerikanisch»?

Auszüge aus

GEORGE GERSHWIN	*Ein Amerikaner in Paris*
GEORGE W. CHADWICK	*Melpomene*
ANTONÍN DVOŘÁK	*Symphonie Nr. 9 in e-Moll, op. 95 «Aus der neuen Welt»*
EDWARD MACDOWELL	*Indian Suite*
HENRY F. GILBERT	*Dance in Place Congo*
AARON COPLAND	*Music for the Theatre*
IGOR STRAWINSKIJ	*Ragtime*
GEORGE GERSHWIN	*Rhapsody in Blue*
WILLIAM SCHUMAN	*American Festival Overture*
AARON COPLAND	*Billy the Kid*
ROY HARRIS	*Symphonie Nr. 3*
VIRGIL THOMSON	*The Mother of Us All*
RANDALL THOMPSON	*Symphonie Nr. 2*
AARON COPLAND	*Symphonie Nr. 3* (vom Komponisten dirigiert)

3. Was ist Instrumentation?

Auszüge aus

NIKOLAI RIMSKY-KORSSAKOW .... *Capriccio Espagnol*, op. 34
JOHANN SEBASTIAN BACH .... *Brandenburgisches Konzert* Nr. 3
PAUL HINDEMITH .... *Kleine Kammermusik* für 5 Bläser
WOLFGANG AMADEUS MOZART .... *Serenade Nr. 10 in B-Dur, KV 361*
RALPH VAUGHAN WILLIAMS .... *Fantasia on a Theme by Tallis*
WILLIAM SCHUMAN .... *Symphony for Strings Nr. 5*
MAURICE RAVEL .... *Introduction et Allegro*
IGOR STRAWINSKIJ .... *Geschichte vom Soldaten*
MAURICE RAVEL .... *Boléro* (vollständig)

4. Was ist symphonische Musik?

Auszüge aus

PETER ILJITSCH TSCHAIKOWSKY .... *Symphonie Nr. 4*
LUDWIG VAN BEETHOVEN .... *Symphonie Nr. 3 in Es-Dur, op. 55 (Eroica)*
PETER ILJITSCH TSCHAIKOWSKY .... *Romeo und Julia, Phantastische Ouvertüre*
PETER ILJITSCH TSCHAIKOWSKY .... *Symphonie Nr. 4 in f-Moll, op. 36*
TRADITIONELL .... *Frère Jacques*
JOSEPH HAYDN .... *Symphonie Nr. 104*
WOLFGANG AMADEUS MOZART .... *Symphonie Nr. 41 in C-Dur, KV 551 (Jupiter)*
JOHANNES BRAHMS .... *Symphonie Nr. 2*

5. Was ist klassische Musik?

Auszüge aus

GEORG FRIEDRICH HÄNDEL .... *Wassermusik*
JOSEPH HAYDN .... *Symphonie Nr. 102 in B-Dur*
JOHANN SEBASTIAN BACH .... *Brandenburgisches Konzert Nr. 4*
WOLFGANG AMADEUS MOZART .... *Symphonie Nr. 40 in g-Moll*
WOLFGANG AMADEUS MOZART .... Ouvertüre zu *Figaros Hochzeit* (vollständig)
WOLFGANG AMADEUS MOZART .... *Klavierkonzert Nr. 21 in C-Dur, KV 467*
LUDWIG VAN BEETHOVEN .... *Egmont-Ouvertüre* (vollständig)

6. Humor in der Musik

Auszüge aus

JOSEPH HAYDN	Finale der *Symphonie Nr. 88* in G-Dur
SERGEJ PROKOFIEFF	1. und 2. Satz der *Symphonie Classique* in D-Dur, op. 25 (klassische Symphonie)
GUSTAV MAHLER	Ausschnitt aus dem 2. Satz der *Symphonie Nr. 1* (Der Titan)
DMITRI SCHOSTAKOWITSCH	«Polka» aus *Das Goldene Zeitalter*, op. 22 a
AARON COPLAND	«Burlesque» aus *Music for the Theatre*
JOHANNES BRAHMS	Scherzo aus der *Symphonie Nr. 4* in e-Moll, op. 98

außerdem Auszüge aus Werken von

Walter Piston, Paul White, George Gershwin, Wolfgang Amadeus Mozart, Zoltán Kodály, Richard Wagner und Richard Strauss

7. Was ist ein Konzert?

Auszüge aus

ANTONIO VIVALDI	1. Satz aus dem *Concerto für zwei Mandolinen, Streicher und Cembalo* in C-Dur, RV 558
JOHANN SEBASTIAN BACH	Finale aus dem *Brandenburgischen Konzert Nr. 5* für Cembalo, Violine, Flöte und Streicher (Solisten: John Corigliano, Violine; John Wummer, Flöte; John Bernstein, Cembalo)
WOLFGANG AMADEUS MOZART	2. Satz aus der *Konzertanten Symphonie (Sinfonia Concertante) für Violine, Viola und Orchester* in Es-Dur, KV 364
FELIX MENDELSSOHN-BARTHOLDY	Finale aus dem *Konzert für Violine und Orchester* in e-Moll, op. 64 (Solist: John Corigliano)
BÉLA BARTÓK	4. und 5. Satz aus dem *Konzert für Orchester* (SZ 116)

8. Volksmusik im Konzertsaal

Auszüge aus

WOLFGANG AMADEUS MOZART	Menuett aus der *Symphonie Nr. 39* in Es-Dur, KV 543
CARLOS CHÁVEZ	*Sinfonía India*
LIEDER AUS DER AUVERGNE	Arrangement: Joseph Canteloube (Solistin: Marni Nixon, Sopran)
CHARLES IVES	Finale der *Symphonie Nr. 2*

9. Was ist Impressionismus?

Auszüge aus

CLAUDE DEBUSSY	*La Mer* (vollständig)
MAURICE RAVEL	Finale aus der *Suite Nr. 2 Daphnis et Chloé*

10. Was ist eine Melodie?

Auszüge aus

PETER ILJITSCH TSCHAIKOWSKY	*Symphonie Nr. 6* in b-Moll, op. 74
RICHARD WAGNER	Vorspiel zu *Tristan und Isolde*
WOLFGANG AMADEUS MOZART	1. Satz der *Symphonie Nr. 40* in g-Moll, KV 550
PAUL HINDEMITH	*Konzertmusik für Streichorchester und Blechbläser*, op. 50
JOHANNES BRAHMS	Finale der *Symphonie Nr. 4* in e-Moll, op. 98

11. Was heißt Sonatenform?

Auszüge aus

WOLFGANG AMADEUS MOZART	1. Satz der *Symphonie Nr. 41*, in C-Dur (Jupiter)
TRADITIONELL	*Twinkle, Twinkle, Little Star*
WOLFGANG AMADEUS MOZART	*Klavier-Sonate* in C-Dur, KV 545 (Leonard Bernstein, Klavier)
SERGEJ PROKOFIEFF	*4. Satz der Symphonie Classique* in D-Dur, op. 25
JOHN LENNON / PAUL MCCARTNEY	*A Hard Day's Night* (Leonard Bernstein, Gesang und Klavier)
GEORGES BIZET	Arie der Micaela aus *Carmen* (Veronica Tyler, Sopran)

12. Huldigung an Sibelius

Auszüge aus

JEAN SIBELIUS	*Finlandia*, op. 26
JEAN SIBELIUS	*Konzert für Violine und Orchester* in d-Moll, op. 47 (Solist: Sergiu Luca)
JEAN SIBELIUS	*Symphonie Nr. 2* in D-Dur, op. 43

298

13. Musikalische Atome: die Intervalle

Auszüge aus

RICHARD WAGNER	Vorspiel zum 3. Akt der Oper *Lohengrin*
JOHANN STRAUSS	*An der schönen blauen Donau*
JOHANNES BRAHMS	1. Satz der *Symphonie Nr. 4* in e-Moll, op. 98
RALPH VAUGHAN WILLIAMS	Finale der *Symphonie Nr. 4* in f-Moll

14. Verschiedene Tonarten

Auszüge aus

CLAUDE DEBUSSY	*Nocturnes: Fêtes*
MODEST MUSSORGSKY	Polonaise aus dem 3. Akt der Oper *Boris Godunow*
LEONARD BERNSTEIN	*Fancy Free: Danzon*

15. Der «Trip» des Hector Berlioz

HECTOR BERLIOZ	aus der *Symphonie Fantastique*, op. 14
	Auszüge aus dem 1. Satz *Rêveries, passions*
	2. Satz *Un bal*
	Auszug aus dem 3. Satz *Scène aux champs*
	4. Satz *Marche au supplice*
	5. Satz aus *Songe d'une nuit de Sabbat*

Schallplattenverzeichnis

Die Liste weist diejenigen Musikstücke aus «Konzert für junge Leute» nach, die Leonard Bernstein mit dem New York Philharmonic Orchestra einspielte. Diese Aufnahmen liegen als CDs im Rahmen von «Leonard Bernstein – The Royal Edition» bei SONY CLASSICAL vor.

BÉLA BARTÓK
Konzert für Orchester (Concerto for Orchestra)
Musik für Saiteninstrumente, Schlagzeug und Celesta
New York Philharmonic
CD SMK 47510 ADD

LUDWIG VAN BEETHOVEN
Symphonien Nr. 1 + Nr. 3 (Eroica)
New York Philharmonic
CD SMK 47514 ADD

LUDWIG VAN BEETHOVEN
Symphonien Nr. 2 + Nr. 7
New York Philharmonic
CD SMK 47 515 ADD

Symphonien Nr. 4 + Nr. 5
Egmont-Ouvertüre
New York Philharmonic
CD SMK 47 516 ADD

Symphonien Nr. 6 (Pastorale) + Nr. 8
Ouvertüre zu *König Stephan*
New York Philharmonic
CD SMK 47 517 ADD

HECTOR BERLIOZ
Symphonie fantastique
Benvenuto Cellini-Ouvertüre
Rákóczky-Marsch aus *Fausts Verdammnis*
Ouverture charactéristique *Le Carnaval*
Romain
New York Philharmonic
CA SMK 47 525 ADD

LEONARD BERNSTEIN
Symphonische Tänze aus *West Side Story*
Candide-Ouvertüre
New York Philharmonic
GEORGE GERSHWIN
Rhapsody in Blue
Columbia Symphony Orchestra
Ein Amerikaner in Paris
New York Philharmonic
CD SMK 47 529 ADD

3 Tanzepisoden aus *On the Town*
Fancy Free, Ballett
Symphonische Suite aus *On the Waterfront*
New York Philharmonic
CD SMK 47 530 ADD

GEORGES BIZET
Carmen-Suiten Nr. 1 + Nr. 2
L'Arlésienne – Suiten Nr. 1 + Nr. 2
New York Philharmonic
CD SMK 47 531 ADD

JOHANNES BRAHMS
Symphonie Nr. 1
Serenade Nr. 2
New York Philharmonic
CD SMK 47 536 ADD

Symphonien Nr. 2 + Nr. 3
New York Philharmonic
CD SMK 47 537 ADD

Symphonie Nr. 4
Akademische Festouvertüre
Tragische Ouvertüre
New York Philharmonic
CD SMK 47 538 ADD

Ungarische Tänze Nr. 5 + Nr. 6
FRANZ LISZT
Les Préludes
Ungarische Rhapsodien Nr. 1 + Nr. 4
GEORGE ENESCU
Rumänische Rhapsodie Nr. 1
New York Philharmonic
CD SMK 47 572 ADD

AARON COPLAND
Appalachian Spring
Rodeo: Vier Tanzepisoden
Billy the Kid
Fanfare for the Common Man
New York Philharmonic
CD SMK 47 543 ADD

CLAUDE DEBUSSY
La Mer
L'Après-midi d'un Faune
Jeux (Poème dansé)
Nocturnes: Nuages, Fêtes
New York Philharmonic
CD SMK 47 546 ADD

PAUL DUKAS
siehe Modest Mussorgsky

ANTONÍN DVOŘÁK
Symphonie Nr. 9 «Aus der Neuen Welt»
Karneval-Ouvertüre
Slawische Tänze, op. 46 Nr. 1 + Nr. 3
BEDŘICH SMETANA
Die Moldau
New York Philharmonic
CD SMK 47 547 ADD

MANUEL DE FALLA
siehe Spanische Orchesterstücke

EDVARD GRIEG
Peer-Gynt-Suiten Nr. 1 + Nr. 2
Norwegischer Tanz Nr. 2
Lyrische Suite: Zug der Zwerge
JEAN SIBELIUS
Finlandia
Valse triste
Der Schwan von Tuoneia
New York Philharmonic
CD SMK 47 549 ADD

GEORGE GERSHWIN
siehe Leonard Bernstein

JOSEPH HAYDN
Die «Londoner» Symphonien Nr. 93–99
New York Philharmonic
3 CD SM3K 47 553 ADD

Die «Londoner» Symphonien
Nr. 100–104
New York Philharmonic
2 CD SM2K 47 557 ADD

Paukenmesse
Nelsonmesse
Symphonie Nr. 88
Blegen. Killebrew. Wells. Devlin. Estes.
Riegel. Titus.
Norman Scribner Choir
Westminster Choir
New York Philharmonic
2 CD SM2K 47 563 ADD

PAUL HINDEMITH
Sinfonie in Es
Symphonische Metamorphosen
Konzertmusik für Streicher und Blech-
  bläser, op. 50
New York Philharmonic
CD SMK 47 566 ADD

CHARLES IVES
Symphonien Nr. 2 + Nr. 3
Central Park in the Dark
New York Philharmonic
CD SMK 475 686 ADD

FRANZ LISZT
siehe Johannes Brahms

GUSTAV MAHLER
Symphonie Nr. 1 (Der Titan)
Symphonie Nr. 2 (Die Auferstehung)
Baker. Armstrong
Edinburgh Festival Chorus
London Symphony Orchestra
New York Philharmonic
2 CD SM2K 475 736 ADD

FELIX MENDELSSOHN-BARTHOLDY
Symphonie Nr. 4 (Italienische)
Konzert für Violine und Orchester
Die Hebriden
Athalie: Marsch der Priester
Pinchas Zukerman
New York Philharmonic
CD SMK 47 592 ADD

WOLFGANG AMADEUS MOZART
Symphonien Nr. 39 + Nr. 41 (Jupiter)
New York Philharmonic
CD SMK 47 594 ADD

MODEST MUSSORGSKY
Bilder einer Ausstellung
(Instr. Maurice Ravel)
NIKOLAI RIMSKY-KORSSAKOW
Capriccio espagnol
PETER I. TSCHAIKOWSKY
Capriccio italien
New York Philharmonic
CD SMK 47 595 ADD

MODEST MUSSORGSKY
Eine Nacht auf dem kahlen Berge
PAUL DUKAS
Der Zauberlehrling
SERGEJ PROKOFIEFF
Peter und der Wolf
CAMILLE SAINT-SAËNS
Der Karneval der Tiere
Danse macabre
New York Philharmonic
CD SMK 47596 ADD

SERGEJ PROKOFIEFF
Symphonien Nr. 1 (Symphonie classique)
+ Nr. 5
New York Philharmonic
CD SMK 47602 ADD

siehe auch Modest Mussorgsky

MAURICE RAVEL
Boléro. Alborada del gracioso
Daphnis et Chloé-Suite Nr. 2
La Valse. Rhapsodie espagnole
Orchestre National de France
Schola Cantorum
New York Philharmonic
CD SMK 47603 ADD

Daphnis et Chloé
Schola Cantorum
New York Philharmonic
Marilyn Horne
Orchestre National de France
CD SMK 47604 ADD

NIKOLAI RIMSKY-KORSSAKOW
Scheherazade
IGOR STRAWINSKI
Feuervogel-Suite
New York Philharmonic
CD SMK 47605 ADD

siehe auch Modest Mussorgsky

GIOACCHINO ROSSINI
Ouvertüren:
Wilhelm Tell
L'Italiana in Algeri
Il Barbiere de Siviglia
La Gazza ladra
Semiramide
La Scala di seta
FRANZ VON SUPPÉ
Ouvertüren:
Leichte Kavallerie
Dichter und Bauer
New York Philharmonic
CD SMK 47605 ADD

JEAN SIBELIUS
siehe Edvard Grieg

BEDŘICH SMETANA
siehe Antonín Dvořák

SPANISCHE ORCHESTERSTÜCKE
EMANUEL CHABRIER
España
MANUEL DE FALLA
El amor brujo
Fanfare pour une fête
La vida breve: Zwischenspiel und Tanz
Der Dreispitz: Suiten Nr. 1 + 2
Marilyn Horne
New York Philharmonic
CD SMK 47613 ADD

IGOR STRAWINSKIJ
siehe Modest Mussorgsky

PETER I. TSCHAIKOWSKY
siehe Modest Mussorgsky

Leonard Bernstein (1918–1990)

Leonard Bernstein, geboren am 25. August 1918 in Lawrence, Massachusetts, zeigte erstmals mit zehn Jahren seine musikalische Begabung, als die Familie durch Zufall in den Besitz eines Klaviers kam. Seine musikalischen Neigungen wurden jedoch vom Vater, Samuel J. Bernstein, einem russisch-jüdischen Einwanderer, keineswegs gefördert, weil in dessen Heimat die Musiker geringgeachtet waren. Samuel Bernstein vermittelte seinem Sohn die Liebe zur jüdischen Tradition, was sich später in einer ganzen Reihe von Kompositionen niederschlug. Daneben fesselten die Predigten von Rabbi H. H. Rubenowitz der Synagoge Mishkan Tefila in Boston den jungen Leonard, der viel seiner ausgeprägten pädagogischen und schriftstellerischen Begabung wohl diesem frühen Einfluß verdankt. Auch hatten die Kompositionen von Solomon Braslavsky, dem Kantor der Synagoge, starken Einfluß auf den heranwachsenden Musiker.

Bernstein war der erste international anerkannte Musiker, der seine musikalische Ausbildung ausschließlich in den USA genoß. Zunächst besuchte er die Garrison Grammar School in Roxbury, Massachusetts, und machte 1935 an der Latin School in Boston Abitur. 1939 legte er sein Examen an der Harvard University ab, wo seine Lehrer A. Tillman Merritt (Harmonielehre), Walter Piston (Kontrapunkt) und Edward B. Hill (Instrumentation) waren. 1941 schloß er seine Studien am Curtis Institute of Music in Philadelphia ab, nach Studien bei Fritz Reiner (Dirigieren), Randall Thompson (Instrumentation) und Isabella Vengerova (Klavier). Schon in Boston hatte er Klavierunterricht bei Heinrich Gebhard und bei Helen Coates, die später seine Assistentin wurde.

Sein offizielles Debüt als Dirigent gab er in Harvard als Leiter von Aufführungen seiner eigenen Bühnenmusik zu Aristophanes' Lustspiel *Die Vögel* und Blitzsteins Musical *The Cradle Will Rock*, beide im Jahr 1939. In den Sommern 1940 und 1941 studierte er am Berkshire Music Center in Tanglewood und wurde im folgenden Jahr Assistent von Serge Kussewitzky, von dessen leidenschaftlicher Dirigiertechnik und missionarischem Eifer er manches übernahm. Seinem Englischlehrer an der Bostoner Latin School, Philip Marson, verdankte er die Einführung in die Wunder der Sprache und Professor David W. Prall in Harvard die Weitung seines geistigen, philosophischen und ästhetischen Horizonts. Bezeichnenderweise zeigt er in seinen Kompositionen eine Neigung, Texte oder programmatische Vorlagen zugrunde zu legen. So schreibt er im Vorwort zu *The Age of Anxiety*, seiner *Zweiten Symphonie*: «Ich habe den begründeten Verdacht, daß alle Musik, die ich, gleich für welches Medium, komponiert habe, auf ihre Weise immer auch Musik fürs Theater ist.»

1943 wurde Bernstein Assistent Conductor bei den New Yorker Philharmonikern und hatte dort am 14. November desselben Jahres ein spektakuläres Debüt, als er in letzter Minute für den erkrankten Bruno Walter einsprang. Danach war Bernstein ein gesuchter Dirigent, der in der ganzen Welt mit vielen Orchestern auftrat, zuweilen auch gleichzeitig als Solist am Klavier. In seiner Dirigentenlaufbahn hat er über siebzig verschiedene Orchester geleitet, darunter die New Yorker Philharmoniker, das Boston Symphony Orchestra, das Israel Philharmonic Orchestra und die Wiener Philharmoniker.

1945–1948 war er Chef der New York City Symphony, mit der er manche selten gespielte Werke aufführte. 1951–1955 lehrte er an der Brandeis University sowie in den Sommermonaten in Tanglewood, wo er Kussewitzkys Nachfolger als Leiter der Dirigierklasse wurde.

1958–1969 war er musikalischer Leiter der New Yorker Philharmoniker. Nach elf Jahren wurde er zum Ehrendirigenten ernannt und gab mit diesem Orchester 1971 sein eintausendstes Konzert. Über vierhundert Plattenaufnahmen entstanden in dieser Zeit. Seine Konzertprogramme brachten viel zeitgenössische Musik – über zweihundert Werke vor allem von Strawinskij, Copland und ihren Anhängern, unter ihnen Komponisten aus der Pariser Schule von Nadja Boulanger.

Für die Neue Wiener Schule Schönbergs zeigte er weniger Interesse. Bei aller Pflege der Standardliteratur hatte er eine besondere Vorliebe für die Musik von Haydn, Beethoven, Brahms, Schumann und Mahler. Anfang der sechziger Jahre gab es, nicht zuletzt durch Bernsteins missionarischen Eifer, eine weltweite Mahler-Renaissance. Ähnliches kann man über seinen Enthusiasmus für die Kompositionen von Charles Ives sagen.

Bernsteins angeborenes pädagogisches Talent fand seine größte Erfüllung beim Fernsehen; zuerst trat er 1954–1961 zehnmal in der Serie *Omnibus* auf und 1958–1962 fünfzehnmal in Sendungen für Erwachsene mit den New Yorker Philharmonikern. 1958 moderierte er eine Serie von *Young People's Concerts*, von denen bis 1972 dreiundfünfzig Sendungen ausgestrahlt wurden und die einen nachhaltigen Einfluß auf die musikalische Öffentlichkeit ausübten. Oft trat er auch in Serien wie *Great Performances* und in *Bernstein's Beethoven* sowie *Brahms/Bernstein* auf. Konzertmitschnitte mit Bernsteins Kompositionen und denen anderer Komponisten wie Strawinskij, Copland, Elgar, Schostakowitsch, Haydn und Mahler sind der Nachwelt auf Video überliefert.

Seine Vorlesungen der Serie *Omnibus* wurden ein Bestseller, als sie 1959 in Buchform unter dem Titel *The Joy of Music* (deutsch: *Freude an der Musik*, 1961) erschienen. Es folgten weitere vier Veröffentlichungen: die erste Ausgabe von *Leonard Bernstein's Young People's Concerts for Reading and Listening* (1962; deutsch: *Konzert für junge Leute*, 1969), *The Infinite Variety of Music* (1966; deutsch: *Von der unendlichen Vielfalt der Musik*, 1968) und *Findings* (1982; deutsch: *Erkenntnisse*, 1983). Sein wichtigster theoretischer Beitrag zur Musik war sicherlich *The Unanswered Question* (1976; deutsch: *Musik – die offene Frage*, 1979), der auf den Charles-Eliot-Norton-Vorlesungen an der Harvard University beruht. Sie alle wurden in viele Sprachen übersetzt.

Über die Jahre hinweg haben junge Musiker auf der ganzen Welt von Bernsteins pädagogischen Fähigkeiten profitiert: in den USA am Tanglewood Music Center sowie am Los Angeles Philharmonic Institute, das er 1982 mitbegründete; in Deutschland beim Schleswig-Holstein-Festival, das er 1986 mit aus der Taufe hob; in Italien bei der römischen Accademia di Santa Cecilia und in Japan beim Pacific Music Festival, das unter seiner Leitung 1990 ins Leben gerufen wurde.

Leonard Bernstein war einer der wenigen zeitgenössischen Komponisten, die sowohl auf der Musical-Bühne als auch im Konzertsaal zu Hause waren. Für den Broadway lieferte er wichtige Beiträge: *On the Town* (1944); *Wonderful Town* (1953); *Candide* (1956), das für viele Opernhäuser ein Brotartikel wurde, und schließlich den Klassiker *West Side Story* (1957), dessen Filmversion 1961 zehn Academy Awards errang. Daneben sind seine *Mass* zu nennen, *A Theatre Piece for Singers, Players and Dancers,* ein Auftragswerk von Jacqueline Kennedy zur Eröffnung des Washingtoner Kennedy Center 1971; ferner die Oper *Trouble in Tahiti* (1952), die später in der dreiaktigen Oper *A Quiet Place* aufging; und das Werk zur Zweihundert-Jahr-Feier *1600 Pennsylvania Avenue* (1976). In Zusammenarbeit mit dem Choreographen Jerome Robbins entstanden die drei Ballette *Fancy Free* (1944), *Facsimile* (1946) und *Dybbuk* (1974). Robbins choreographierte auch *The Age of Anxiety*. Weitere Choreographen wie John Neumeier, Margo Sappington, Todd Bolender, Edward Villella und andere haben beinahe alle Kompositionen Bernsteins als Vorlage fürs Tanztheater benutzt. Eine von ihnen, *Prelude, Fugue and Riffs*, wurde bis 1991 in zehn verschiedenen Choreographien aufgeführt. Bernstein schrieb auch die Musik für den mit einem Academy Award ausgezeichneten Film *On the Waterfront* (1954), aus der eine Konzertsuite entstand, sowie die Bühnenmusiken für eine Reihe von Broadway-Produktionen, darunter *Peter Pan* (1950) und *The Lark* (1955), das 1988 in die *Missa Brevis* umgewandelt wurde.

Vieles in seiner Bühnenmusik zeigt seine Verbundenheit mit der Stadt New York und ihrer Umgebung: *On the Town, Fancy Free, Wonderful Town, West Side Story, On the Waterfront* und auf gewisse Weise sogar *Trouble in Tahiti* und *A Quiet Place*. Fast alle seiner Werke sind von ihm selber auf Platten eingespielt worden.

Stilistisch gesehen war Bernstein in seiner Konzertmusik eher ein Bewahrer als ein Erneuerer, mit vielen Zitaten und Anleihen. Die Komponisten mit dem größten Einfluß auf ihn waren Strawinskij, Copland, Blitzstein, Hindemith und Schostakowitsch; von geringer Bedeutung für ihn waren Richard Strauss, Mahler und Berg. Daneben gab es Jazz-Einflüsse, lateinamerikanische Rhythmen sowie gelegentlichen Gebrauch von Zwölftontechnik und aleatorischen Techniken (allerdings immer im Umfeld der Tonalität, die nach seinem Empfinden «dem menschlichen Organismus eingeboren» war). In seinem *Songfest* (1977) wird der Eklektizismus in differenzierter Weise sichtbar, indem Bernstein hier die Dichtung von dreizehn amerikanischen Poeten musikalisch charakterisiert. Schon in seiner *Klarinettensonate* (1942) findet man Hindemith verwandte Passagen, die in enger Nachbarschaft zu jazz-artigen Stellen stehen. Und in einer seiner letzten Kompositionen, *Arias and Barcarolles* (1988), stehen neben amerikanischen «Coplandismen» Beispiele der atonalen Wiener Schule. In seiner Oper *Candide* konnte er seinem Hang zum Eklektizismus freien Lauf lassen, weil die weltläufige Handlung es gestattete, die verschiedensten nationalen Stile zu einem einzigen Pastiche zu vermengen.

In Bernsteins *Jeremiah*, seiner *Ersten Symphonie* (die ihm 1943 den New Yorker Musikkritikerpreis einbrachte), finden sich zwar auch Klangelemente Schostakowitschs, aber seine Stimme ist doch sehr viel entschiedener, sicher auch geprägt von der frühen Erinnerung an die jüdischen Gesänge. Weitere Anklänge an das jüdisch-kulturelle Erbe kann man in *Kaddish* (der *Dritten Symphonie*), in den *Chichester Psalms*, dem Ballett *Dybbuk*, dem Flötenkonzert *Halil* und dem Orchesterstück *Jubilee Games* ausmachen sowie in verschiedenen Liedern und Chorwerken. Am faszinierendsten sind die verborgenen jüdischen Symbole in seinem symphonischen Klavierkonzert *The Age of Anxiety*.

Besonders hervorstechend in Bernsteins Musik ist die rhythmische Gestalt, die Vorliebe für kunstvolle Synkopen und polymetrische Strukturen in langsamen und raschen Tempi wie beispielsweise in der *Serenade for Violin, Strings and Percussion* (1954) und dem *Divertimento for Orchestra* (1980). Seine melodischen Einfälle gründen sich auf kurze Motive, in manchen Bühnenwerken auf ein einziges Intervall. In Bernsteins Instrumentierung sticht der häufige Einsatz des Soloklaviers, der Blechbläser in hohen Lagen und eine wohlbestückte virtuose Schlagzeuggruppe hervor.

Die Bühnenwerke zeigen einen ungewöhnlich stark ausgebildeten Hang zur formalen Anlage. *Trouble in Tahiti* besteht aus sieben symmetrisch angelegten Szenen, *Fancy Free* aus sieben Bildern in Rondo-Form; *Facsimile* ist eigentlich ein symphonischer Satz in A-B-A-Form, dessen thematisches Material einzig und allein aus dem Eröffnungsthema entwickelt wird. Bernstein verknüpfte auch melodische Variationen, bei denen eine Melodie aus der vorigen erwächst, wie zum Beispiel in der Verwandlungsreihe «warm-worm-world-cord-cold» oder «more-lore-lose-loss-less». In *The Age of Anxiety* wurde das erstmals angewandt. Und in der Musik zu *On the Waterfront* wird eine hier ganz fremd wirkende Fuge allmählich in ein lyrisches Liebesmotiv übergeführt, und zwar durch solche Wortverkettungen, ähnlich in *Kaddish*, wo eine strenge Zwölftonreihe in einen tonalen Chor mündet.

Der Komponist Bernstein war ein Mann von unerhörter Energie, der sein Bestes gab, wenn ihn ein Ablieferungstermin zur Eile antrieb. Das Musical *Wonderful Town* komponierte er innerhalb von fünf Wochen, *Slava!, A Political Overture* in einer. Vier ganz unterschiedliche Werke entstanden innerhalb verschiedener Stadien zur selben Zeit: *Candide, Serenade for Violin, Strings and Percussion, On the Waterfront* und *West Side Story*.

Die Musikkritik hat vor allem in den fünfziger Jahren Bernsteins vielseitige Aktivitäten mit Skepsis begleitet und gefordert, er solle sich lieber auf eine einzige musikalische Tätigkeit konzentrieren. Wäre er diesem Rat gefolgt, hätte er aufgehört, er selbst zu sein. Von Anfang an hat er bekannt: «Ich will weiterhin, im vollen Sinn des Wortes, ein Musiker sein. Ich möchte auch unterrichten, möchte Bücher schreiben und dichten. Und ich glaube, daß ich immer noch allen gerecht werde.»

Bernstein hat dreiundzwanzig Ehrendoktorate erhalten; dreizehn Auszeichnungen ausländischer Regierungen; dreizehn Grammy Awards, einschließlich eines Grammy für sein Lebenswerk 1985; sechzehn goldene oder Platin-Platten-Preise; elf Emmy Awards; zehn verschiedene Fernsehauszeichnungen; mehr als fünfzig Kunstpreise einschließlich der Goldmedaille der American Academy of Arts and Letters, die MacDowell-Colony-Goldmedaille, das Händel-Medaillon, einen Tony Award, The Theater Hall of Fame, Kennedy-Center-Ehrungen; zweiundzwanzig zivile Auszeichnungen; mindestens fünfzehn Ehrenmitgliedschaften in verschiedenen Gesellschaften sowie vier Ehrenvorsitze und Stellungen als Ehrendirigent. Die letzte Auszeichnung, die Bernstein 1990 erhielt, war der für ein Lebenswerk im Dienst der Kunst verliehene japanische Praemium Imperiale, den Bernstein zur Gründung der Stiftung Bernstein Education Through the Arts (BETA) nutzte. Noch immer werden in seinem Namen Ehrungen und Erinnerungsauszeichnungen verliehen.

Humanitäre Belange, vor allem für den Weltfrieden und die Menschenrechte, hat Bernstein leidenschaftlich in den verschiedensten Formen unterstützt. Seine «Journey for Peace»-Tournee nach Hiroshima mit dem European Community Orchestra 1985 geschah zum vierzigsten Jahrestag des Abwurfs der ersten Atombombe. Die Fernsehsendung «1. September 1939» aus Warschau 1989 sollte an die Invasion der Deutschen ein halbes Jahrhundert zuvor erinnern. Und am Weihnachtstag 1989 leitete Bernstein ein historisches Konzert, das den Fall der Berliner Mauer feierte.

Als überzeugter Anhänger von Amnesty International gründete Bernstein 1987 die Felicia-Montealegre-Stiftung zum Gedenken an seine chilenische Frau, die er 1951 geheiratet hatte und die 1978 starb. Bernstein starb zwölf Jahre nach ihr, am 14. Oktober 1990. Sie hatten drei Kinder, Jamie, Alexander und Nina, sowie die beiden Enkel Francisca und Evan.

J. G.

Danksagungen

Für ihren Beitrag zu dieser neuen Ausgabe von Leonard Bernsteins «Konzert für junge Leute» wird folgenden Personen gedankt: Karen Bernstein, Marie Carter, Charlie Harmon, David Israel, Harry J. Kraut, James Russell (Amberson Productions, Inc.), Joy Harris (Lantz-Harris Agency), Nina Frieman, Sallye Leventhal, Marysarah Quinn sowie Claire Vaccaro (Doubleday/Anchor Books).

*

Dank gilt auch folgenden Personen und Institutionen für die freundliche Erlaubnis zum Abdruck von Auszügen aus den genannten Werken:

Bildnachweis

Register

312

SONY
CLASSICAL ™

LEONARD BERNSTEIN NEW YORK PHILHARMONIC

YOUNG PEOPLE'S CONCERTS

A Leonard Bernstein Program

Mit den *Young People's Concerts* schuf Leonard Bernstein eine brillante Methode, einen gelungenen Kompromiß zwischen Vereinfachung und akademischer Analyse, um den von ihm oft beklagten Mangel an Musikverständnis zu beheben. Und dies tat er auf eine für Fernsehen und Video ideale Art und Weise. Die vorliegenden fünfzehn

Aufnahmen aus der Zeit von 1958-1969 umfassen eine Einführung in die Grundlagen der Musik, geben Einblick in das Schaffen von Komponisten wie Sibelius oder Berlioz, zeigen den Einfluß der Volksmusik auf klassische Kompositionen, erklären den Orchesterklang – und all das so lebendig und unterhaltsam, wie es nur »Lenny«

kann. Diese fünfzehn Programme auf VHS stellen einen fundamentalen und völlig neuen Zugang zum Wesen der Musik dar, vermittelt von dem meisterhaften Dirigenten und Komponisten Leonard Bernstein, der mit ihnen zu einem der beliebtesten Künstler aller Zeiten geworden ist.

Leonard Bernsteins Young People's Concerts zum ersten Mal auf Video, in einer luxuriösen Präsentbox, kombiniert mit dem deutschsprachigen Begleitbuch. Diese Ausgabe der Young People's Concerts ist unverzichtbar – für Eltern und ihre Kinder, für Sammler mit dem Wunsch, sich noch einmal von diesem so jugendlichen Leonard Bernstein faszinieren zu lassen, für jeden, der Musik verstehen will, für jeden, der Musik liebt.

LEONARD BERNSTEIN · NEW YORK PHILHARMONIC
KONZERT FÜR JUNGE LEUTE *VIDEOGRAPHIE*

SONY
CLASSICAL™

WAS BEDEUTET MUSIK?

CBS TV Erstausstrahlung: 18. Januar 1958
Aufgenommen in der Carnegie Hall, New York
Produziert von Roger Englander
Regie: Charles S. Dubin · Schwarzweiß
Ausschnitte aus
GIOACCHINO ROSSINI
Ouvertüre zu »Wilhelm Tell«

RICHARD STRAUSS · Don Quixote

LUDWIG VAN BEETHOVEN
Symphonie Nr. 6 »Pastorale«

MODEST MUSSORGSKY
Bilder einer Ausstellung

PETER I. TSCHAIKOWSKY
Symphonien Nr. 4 & 5

Komplette Aufnahme von
MAURICE RAVEL · La Valse

SHV 48319   59:52

WANN KLINGT EINE
MUSIK »AMERIKANISCH«?

mit AARON COPLAND
CBS TV Erstausstrahlung: 1. Februar 1958
Aufgenommen in der Carnegie Hall, New York
Produziert von Roger Englander
Regie: Charles S. Dubin · Schwarzweiß
Ausschnitte aus
GEORGE GERSHWIN
Ein Amerikaner in Paris
Rhapsody in Blue

GEORGE CHADWICK · Melpomene

ANTONÍN DVOŘÁK
Symphonie Nr. 9
»Aus der Neuen Welt«

EDWARD MacDOWELL · Indian Suite

HENRY GILBERT
Dance in Place Congo

AARON COPLAND
Music for the Theatre
Billy the Kid · Symphonie Nr. 3

WILLIAM SCHUMAN
American Festival Overture

VIRGIL THOMSON
The Mother of Us All

RANDALL THOMPSON
Symphonie Nr. 2

SHV 48320   59:39

WAS IST
INSTRUMENTATION?

CBS TV Erstausstrahlung: 8. März 1958
Aufgenommen in der Carnegie Hall, New York
Produziert von Roger Englander
Regie: Charles S. Dubin · Schwarzweiß
Ausschnitte aus
NIKOLAI RIMSKY-KORSSAKOFF
Capriccio espagnol
Komplette Aufnahme von
MAURICE RAVEL · Bolero

SHV 48321   58:57

WAS IST
SYMPHONISCHE MUSIK?

CBS TV Erstausstrahlung: 13. Dezember 1958
Aufgenommen in der Carnegie Hall, New York
Produktion und Regie: Roger Englander
Schwarzweiß
Ausschnitte aus
WOLFGANG AMADEUS MOZART
»Jupiter-Symphonie«

PETER I. TSCHAIKOWSKY
Symphonie Nr. 4

LUDWIG VAN BEETHOVEN
Symphonie Nr. 3 »Eroica«
(überliefert) Frère Jacques

JOHANNES BRAHMS
Symphonie Nr. 2

SHV 48322   60:02

WAS IST KLASSISCHE MUSIK?

CBS TV Erstausstrahlung: 24. Januar 1959
Aufgenommen in der Carnegie Hall, New York
Produktion und Regie: Roger Englander
Schwarzweiß
Ausschnitte aus
GEORG FRIEDRICH HÄNDEL
Wassermusik

JOHANN SEBASTIAN BACH
Brandenburgisches Konzert Nr. 4

WOLFGANG AMADEUS MOZART
Klavierkonzert Nr. 21, KV 467

JOSEPH HAYDN · Symphonie Nr. 102

Komplette Aufnahme von
W. A. MOZART
Ouvertüre zu »Le nozze di Figaro«

LUDWIG VAN BEETHOVEN
»Egmont«-Ouvertüre

SHV 48323   59:40

HUMOR IN DER MUSIK

CBS TV Erstausstrahlung: 28. Februar 1959
Aufgenommen in der Carnegie Hall, New York
Produktion und Regie: Roger Englander
Schwarzweiß
Ausschnitte aus
JOSEPH HAYDN · Symphonie Nr. 88

SERGE PROKOFIEFF
»Symphonie classique«

GUSTAV MAHLER · Symphonie Nr. 1

DMITRI SCHOSTAKOWITSCH
Das goldene Zeitalter

AARON COPLAND
Music for the Theatre

JOHANNES BRAHMS
Symphonie Nr. 4

SHV 48324   59:59

WAS IST EIN KONZERT?

CBS TV Erstausstrahlung: 28. März 1959
Aufgenommen in der Carnegie Hall, New York
Produktion und Regie: Roger Englander
Schwarzweiß
Ausschnitte aus
ANTONIO VIVALDI
Concerto C-Dur »con molti istromenti«

JOHANN SEBASTIAN BACH
Brandenburgisches Konzert Nr. 5

WOLFGANG AMADEUS MOZART
Sinfonia concertante KV 364

FELIX MENDELSSOHN · Violinkonzert

BÉLA BARTÓK
Konzert für Orchester

SHV 48325   60.02

VOLKSMUSIK IM KONZERTSAAL

mit MARNI NIXON · Sopran
CBS TV Erstausstrahlung: 9. April 1961
Aufgenommen in der Carnegie Hall, New York
Produktion und Regie: Roger Englander
Schwarzweiß
Ausschnitte aus
WOLFGANG AMADEUS MOZART
Symphonie Nr. 39

CARLOS CHÁVEZ · Sinfonía India

JOSEPH CANTELOUBE
Chants d'Auvergne

CHARLES IVES · Symphonie Nr. 2

SHV 48326   53:47

WAS IST IMPRESSIONISMUS?

CBS TV Erstausstrahlung: 1. Dezember 1961
Aufgenommen in der Carnegie Hall, New York
Produktion und Regie: Roger Englander
Schwarzweiß
Ausschnitte aus
MAURICE RAVEL
Daphnis et Chloé, Suite Nr. 2
Komplette Aufnahme von
CLAUDE DEBUSSY · La Mer

SHV 48327   55:54

WAS IST EINE MELODIE?

CBS TV Erstausstrahlung: 21. Dezember 1962
Aufgenommen in der Philharmonic Hall,
New York · Produktion und Regie:
Roger Englander · Schwarzweiß
Ausschnitte aus
PETER I. TSCHAIKOWSKY
Symphonie Nr. 6 »Pathétique«

RICHARD WAGNER
Vorspiel zu »Tristan und Isolde«

WOLFGANG AMADEUS MOZART
Symphonie Nr. 40

PAUL HINDEMITH
Konzertmusik für Streichorchester
und Blechbläser

JOHANNES BRAHMS · Symphonie Nr. 4

SHV 48328   53:40

WAS HEISST SONATENFORM?

mit VERONICA TYLER · Sopran
CBS TV Erstausstrahlung: 6. November 1964
Aufgenommen in der Philharmonic Hall,
New York · Produktion und Regie:
Roger Englander · Schwarzweiß
Ausschnitte aus
WOLFGANG AMADEUS MOZART
»Jupiter-Symphonie«
(überliefert) Twinkle, Twinkle, Little Star

GEORGES BIZET · Carmen

WOLFGANG AMADEUS MOZART
Klaviersonate KV 545

SERGE PROKOFIEFF
»Symphonie classique«

SHV 48329   53:45

HULDIGUNG AN SIBELIUS

mit SERGIU LUCA · Violine
CBS TV Erstausstrahlung: 19. Februar 1965
Aufgenommen in der Philharmonic Hall,
New York · Produktion und Regie:
Roger Englander · Schwarzweiß
Ausschnitte aus
JEAN SIBELIUS
Violinkonzert · Symphonie Nr. 2
Komplette Aufnahme von
Finlandia

SHV 48330   53:40

MUSIKALISCHE ATOME:
DIE INTERVALLE

CBS TV Erstausstrahlung: 29. November 1965
Aufgenommen in der Philharmonic Hall,
New York · Produktion und Regie:
Roger Englander · Schwarzweiß
Ausschnitte aus
RICHARD WAGNER · Lohengrin

JOHANNES BRAHMS · Symphonie Nr. 4

RALPH VAUGHAN WILLIAMS
Symphonie Nr. 4

SHV 48331   55:20

VERSCHIEDENE TONARTEN

CBS TV Erstausstrahlung: 23. November 1966
Aufgenommen in der Philharmonic Hall,
New York · Produktion und Regie:
Roger Englander · Farbe
Ausschnitte aus
CLAUDE DEBUSSY · Nocturnes

MODEST MUSSORGSKY
Boris Godunov

LEONARD BERNSTEIN · Fancy Free

SHV 48332   54:11

DER »TRIP« DES
HECTOR BERLIOZ

CBS TV Erstausstrahlung: 25. Mai 1969
Aufgenommen in der Philharmonic Hall,
New York · Produktion und Regie:
Roger Englander · Farbe
HECTOR BERLIOZ
Symphonie fantastique
I. Träumereien – Leidenschaften
(Ausschnitte)
II. Ein Ball
III. Szene auf dem Lande (Ausschnitte)
IV. Marsch zum Richtplatz
V. Traum vom Hexensabbat (Ausschnitt)

SHV 48333   52:19

YOUNG PEOPLE'S CONCERTS   PRODUCED BY
ROGER ENGLANDER